mit Audio-CD

EnglischWissen

Training
Zentrale Prüfung Klasse 10
für NRW u. a.

Von Patricia Anslinger und
Gisa van Els

Schöningh

Sprachliche Betreuung: Elin Arbin, Simone Duxbury-Ziemer

www.schoeningh-schulbuch.de
Schöningh Verlag, Jühenplatz 1–3, 33098 Paderborn

Druck 5 4 3 2 1 / Jahr 2012 11 10 09 08
Die letzte Zahl bezeichnet das Jahr dieses Druckes.

Umschlaggestaltung: Werbung Kießling, Düsseldorf
Umschlagillustration: Reinhild Kassing, Kassel
Druck und Bindung: westermann druck GmbH, Braunschweig

ISBN 978-3-14-041047-2

Inhalt

EnglischWissen

- **Leseverstehen trainieren**
  - Young and Beautiful?
  - School and Work Experience Abroad
  - Living with a Robot?
  - English as the World Language
  - India – the Struggle for Independence
  - System of Government Great Britain
  - System of Government USA
  - From Slavery to Civil Rights – the Struggle for Recognition and Equality
  - The United Nations
- **Modelltexte**
  - Leserbrief
  - formaler Brief
  - informeller Brief
  - Analyse des Settings
  - Charakterisierung
  - argumentativer Text
  - Analyse einer Rede
  - Gedichtanalyse
  - Beschreibung einer Visualisierung
  - Analyse einer Visualisierung
  - Visualisierung eines Textes
  - Inhaltsangabe
- **Wortschatz vertiefen und erweitern**
  - Talking about People and Their Problems
  - Talking about Going Abroad
  - Talking about Robots
  - Talking about Foreign Languages
  - Talking about India
  - Talking about Great Britain
  - Talking about the USA
  - Talking about Discrimination and Resistance
  - Talking about International Politics
  - Analysevokabular/useful phrases

Grundfertigkeiten nachschlagen und trainieren

- allgemeine Fertigkeiten
  - Hörverstehen
  - strukturierte Texte schreiben
  - Erkenntisse am Text belegen
  - Visualisierungen
- Sachtexte
  - Texte verstehen
    - Visualisierung eines Textes
    - Inhaltsangabe
  - formaler Brief
  - informeller Brief
  - Leserbrief
  - Bewerbung
  - argumentative Texte schreiben
  - argumentative Texte analysieren
- literarische Texte
  - Gedichte analysieren
  - Setting analysieren
  - Erzählperspektiven analysieren
  - Charakterisieren

Prüfung simulieren

cultural awareness/ Landeskunde

- India – the Struggle for Independence
- System of Government Great Britain
- System of Government USA
- From Slavery to Civil Rights – the Struggle for Recognition and Equality
- The United Nations

Vorbereiten auf die Abschlussprüfung der Klasse 10 – aber wie?

Die Kultusminister haben Standards für das Fach Englisch festgelegt, die alle Schülerinnen und Schüler am Ende der 10. Jahrgangsstufe erreicht haben sollten. Diese Standards werden in einer zentralen Prüfung geprüft. Zentrale Aspekte dieser Prüfung sind: **Lese- oder Hörverstehen, Wortschatz** und die **Arbeit mit Texten** (Inhaltsangabe, Analyse, Textproduktion [Kommentar oder kreativer Schreibauftrag]).

Dieses Buch soll dir die Möglichkeit geben, dich über den Unterricht hinaus auf die Abschlussprüfung in der Klasse 10 vorzubereiten.

Du kannst mithilfe dieses Buches

- **Grundfertigkeiten zur Analyse und Produktion von Sachtexten wiederholen:** Ausführliche Erläuterungen und Vokabelhilfen findest du im Teil **Grundfertigkeiten**, der durch das Symbol 👍 gekennzeichnet ist.
- **Grundfertigkeiten trainieren:** Jede im Teil **Grundfertigkeiten** beschriebene Fertigkeit wird im Teil **Training** nochmals in einem bestimmten thematischen Kontext aufgegriffen. Auf diesen Teil wird mit dem Symbol ‖—‖ verwiesen.
- **Modellbriefe, -analysen, -kommentare etc. nachschlagen:** Für jede im Teil **Grundfertigkeiten** beschriebene Fertigkeit gibt es im **Lösungsheft**, auf das mit dem Symbol 🔑 verwiesen wird, einen Modelltext.
- **Leseverstehen trainieren:** Jede der neun thematisch verschiedenen Einheiten im **Training** beginnt mit Aufgaben zum Leseverstehen.
- **Hörverstehen trainieren:** Fünf der Einheiten im **Training** enden mit Aufgaben zum Hörverstehen. Die jeweiligen Hörtexte befinden sich auf der beiliegenden CD.
- **deinen Wortschatz vertiefen und erweitern:** Jede der neun Einheiten im **Training** enthält Übungen zum jeweiligen thematischen Wortschatz.
- **Analysevokabular/*useful phrases* lernen und anwenden:** Im Teil **Grundfertigkeiten** findest du viele Vokabeln und Formulierungshilfen für die Analyse und Produktion von Texten.
- **Sachinformationen zu relevanten Themen nachschlagen:** Einige der thematischen Einheiten im **Training** beginnen mit Info-Texten.
- **überprüfen, was du schon kannst und was du noch einmal wiederholen solltest:** Arbeite das **Training** systematisch durch und vertiefe wenn nötig deine Kenntnisse der Grundfertigkeiten (achte auf Seitenverweise) oder des Wortschatzes.
- **eine mögliche Prüfungsaufgabe bearbeiten:** Am Ende dieses Buches findest du eine **mögliche Prüfungsarbeit**.

Jetzt bleibt uns nur noch, dir viel Spaß und Power beim Training und viel Erfolg bei der Prüfung zu wünschen.

1. Allgemeine Fertigkeiten

1.1 Wie ich die Aufgabenstellungen richtig verstehe

Das sorgfältige Lesen der Aufgabenstellungen ist eine Grundvoraussetzung für den erfolgreichen Abschluss jeder Prüfung.

Das Leseverstehen/Hörverstehen

Fragen zum Text/Hörtext können auf verschiedene Weisen gestellt werden:

Multiple choice; Kurzfragen zum Text; *true/false exercise*; Lückentext; *matching exercise*; Satzergänzungen

Folgendes ist zu beachten:

Multiple choice:

- Wenn nicht anders vorgegeben, darf nur eine Antwort angekreuzt werden. (Wenn du mehrere ankreuzt, wird die Aufgabe nicht gewertet.)
- Wenn du dir nicht sicher bist, kreuze lieber irgendeine Antwort als keine Antwort an (vielleicht hast du ja Glück ☺).

Kurzfragen:

- Die Antworten sollten knapp und präzise ausfallen.

True/false:

- Achte darauf, **ob** du die falschen Sätze berichtigen musst.

Der Wortschatz

Die Wortschatzüberprüfung kann wiederum auf verschiedene Weisen geschehen:
Wortfelder in Mindmaps; Synonyme (Wörter mit gleicher Bedeutung) oder Antonyme (Wörter mit gegenteiliger Bedeutung); Kollokationen; *False Friends; Odd one out;* Wortfamilien ergänzen

Die eigene Textproduktion: Aufgaben zum Text

Lies den **Text**/die Texte zunächst in Ruhe durch und sieh dir dann die **drei Aufgaben** zum Text an. Es könnte hilfreich sein, jeweils alle Wörter zu **unterstreichen**, die beschreiben, **was du tun sollst**.

Aufgabe 1 (Inhaltsangabe):
Outline the author's arguments for and against selling sweets at school.
(Wichtige Verben: to outline [darlegen]; summarize [zusammenfassen]; to describe [beschreiben]; to point out [herausstellen])

Aufgabe 2 (Analyse):
Analyse the rhetorical devices the author uses to convince the readers.
(Wichtige Verben: analyse; characterize; ...)

Aufgabe 3 (Kommentar/argumentativer Text ODER kreativer Schreibauftrag):
What do you think about selling sweets at school? Give reasons.
Or
Imagine you were the headmaster of your school and you wanted to forbid selling sweets at school. Write a convincing speech addressed to the pupils.

Unterstreiche nun **im Text** die für Aufgaben 1 und 2 relevanten Informationen. Benutze am besten verschiedene Farben.

1.2 Wie ich einen logisch strukturierten Text schreibe

Ganz allgemein besteht jeder gute Text aus **drei Teilen**:

1. Einleitung (introduction)

In manchen Fällen ist es wichtig, in der Einleitung den **Text zu nennen, auf den du dich beziehst**, z. B.:

- "The given text is an excerpt from the short story *Indian Camp* by E. Hemingway." (→ Inhaltsangabe S. 15)
- "Your article *Violence in early childhood* (April 6th) has touched me." (→ Leserbrief S. 19)
- "I would like to apply for the job as ... which was advertised in ..." (→ Bewerbungsschreiben S. 20)

In anderen Fällen wird das **Thema** genannt, z. B.:

- "Many people think that smoking shouldn't be allowed in public places." (→ argumentativer Text S. 24)
- "The speaker uses many rhetorical devices to convince the audience of his opinion that …" (→ Analyse einer Rede S. 27)

2. Hauptteil (body/main part)

z. B.

- Handlung/Hauptthesen (→ Inhaltsangabe S. 15)
- Argumente (→ argumentativer Text S. 24)
- Analyse rhetorischer Mittel (→ Analyse einer Rede S. 27)

3. Zusammenfassung/Schlussfolgerung (conclusion)

z. B.

- "All in all, I think that there are lots of convincing arguments against smoking in public places." (→ argumentativer Text S. 24)
- "In general, the speaker tries to convince his audience by appealing to their conscience." (→ Analyse einer Rede S. 27)

Die Gedankengänge in den verschiedenen Textteilen müssen nachvollziehbar verknüpft und damit logisch strukturiert werden. Hierbei helfen dir die sogenannten ***connectives***, die in keinem Text fehlen dürfen. Du solltest also möglichst viele davon kennen.

Improve your texts – Use connectives!

To show order	Um zu strukturieren
To begin with …	Zunächst …
Finally, …	Abschließend …
Firstly, (secondly, thirdly etc.) …	Erstens, zweitens, …
Next, …	Als nächstes …
To express your opinion	**Um deine Meinung auszudrücken**
From my point of view, … In my opinion, … The way I see it, … To my mind, …	Meiner Meinung nach …
I think/believe that, …	Ich denke, dass …
To compare and contrast things	**Um Dinge zu vergleichen und zu kontrastieren**
Although …,	Obwohl …
Compared to …, this is …	Verglichen mit … ist dies …
On the one hand, … on the other hand, …	Einerseits … andererseits

To express an opposite point of view	Um eine gegenteilige Meinung auszudrücken
But in my opinion, …	Aber meiner Meinung nach …
Despite this/in spite of the fact that …, I think	Trotz der Tatsache … denke ich …
I, however, …	Ich jedoch …
In contrast to …,	Im Unterschied zu …
Instead of (+ -ing form) …,	Statt …
To refer to something or someone	**Um sich auf etw./jem. zu beziehen**
According to …,	Gemäß …
Considering …,	Wenn man … bedenkt …
To express or add ideas	**Um Ideen auszudrücken oder zu ergänzen**
Additionally, …	Darüber hinaus …
Moreover, … Furthermore, …	Außerdem, …
Admittedly, … / I have to admit that …	Ich muss zugeben, dass …
To express reason and purpose	**Um den Grund und Zweck auszudrücken**
As …,	Da …
… because …	… weil …
Because of this, …	Wegen der/des …
Consequently, …	Infolgedessen …
In order to …,	Um zu …
That explains why … That is why …	Das erklärt, warum …
Therefore, … For this reason, …	Daher …
To express condition	**Um Bedingungen auszudrücken**
Even if …,	Sogar wenn …
If …,	Wenn/Falls …
Provided that …,	Wenn sichergestellt ist, dass …
To show consequences and conclusions	**Um Folgen und Schlussfolgerungen aufzuzeigen**
All in all, …	Zusammenfassend …
As a result, …	Daraus ergibt sich …
Consequently, …	Daher …
It follows that, …	Daraus folgt, dass …

1.3 Wie ich Erkenntnisse am Text belege

57 f. 9 f.

Bei jeder Textanalyse – sei es die Analyse eines literarischen Textes oder eines Sachtextes – musst du deine **Erkenntnisse am Text belegen**. Nur so kann gewährleistet werden, dass der Leser oder die Leserin deiner Analyse deinen Gedankengang nachvollziehen kann.

Es gibt verschiedene Möglichkeiten, auf den Text zu verweisen.

- To give an example, on page 5 in line 3, it is said that …
- On page 6 in lines 5–8, it becomes obvious/clear that …
- Another example of … is to be found in line 2, where …
- This example/sentence/chapter shows that …/illustrates that …/suggests that …/explains why …
- He seems to be very shy and sensitive (cf. p. 7, l. 5 [cf. = compare])

> He blushed when she talked to him.

- One of the characters mentions that "Chris longs for a mother" (p. 35, l. 35 f.).

> Tom said thoughtfully: "Chris longs for a mother. He has never really had one."

- Chris regards her as "a great mother to have" (p. 35, l. 15).

> Chris thought that she really was a great mother to have.

Achte darauf, dass …

- du wirklich **wörtlich** zitierst (manchmal musst du deinen Satz umbauen, damit dies geht).
- dein Satz mit dem eingebauten Zitat grammatikalisch korrekt ist.
- dass du Seiten und Zeilen richtig angibst, z. B.:
  - p. 6, l. 7
  - p. 6, l. 7 f. (Zeile 7 und die darauf folgende Zeile)
  - p. 6, ll. 7 ff. (Zeile 7 und die darauf folgenden Zeilen)
  - pp. 6–7
  - p. 7, ll. 1–8
  - p. 7, l. 8 – p. 8, l. 4

1.4 Wie ich mit Bildern (Visualisierungen) arbeiten kann

77 f.; 82 f. 15; 16 f.

Vom Bild zum Text

Die Beschreibung

Sieh dir das Bild/den Cartoon zuerst genau an. Achte darauf, dass du alle **Details** und ggf. auch die **Bildunterschrift** beachtest.

Leite deine **Bildbeschreibung** mit **Informationen über Publikationsort und -zeit** ein und nenne dann das allgemeine **Thema**, mit dem sich das Bild oder der Cartoon auseinandersetzt. In der nun folgenden Beschreibung solltest du zunächst auf den **Aufbau**, dann auf **wichtige Details** hinweisen.

Die Analyse

Analysiere wie eine bestimmte **Atmosphäre** hergestellt wird. Wird der Betrachter in seiner Meinung einseitig **beeinflusst**? Wenn ja, wie? Wie wird ggf. **Humor** erzeugt?

Analysiere ggf. die im Bild z. B. durch Pfeile hergestellten **Bezüge**.

Erläutere schließlich die sich aus dieser Analyse ergebende **Botschaft** des Bildes/des Cartoons.

Die Bewertung

Bewerte, welchen Eindruck der Cartoon/das Bild auf dich macht. Stimmst du seiner Aussage zu? Wenn ja, warum? Gefällt dir das Bild? Wenn ja, warum?

Vom Text zum Bild

Manchmal kann die Visualisierung eines Textes bzw. bestimmter Aspekte eines Textes wesentlich weiterhelfen, um seine Komplexität zu erfassen (→ Inhaltsangabe S. 78; 97) bzw. relevante Informationen übersichtlich darzustellen.

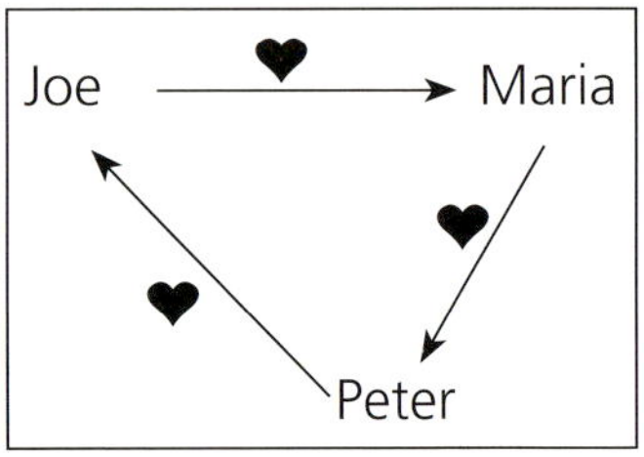

Bestimme und unterstreiche **Schlüsselbegriffe** im Text und benutze diese als Basis für deine Visualisierung. Überlege wie diese Schlüsselbegriffe zueinander in Beziehung stehen und beschrifte die **Pfeile** entsprechend.

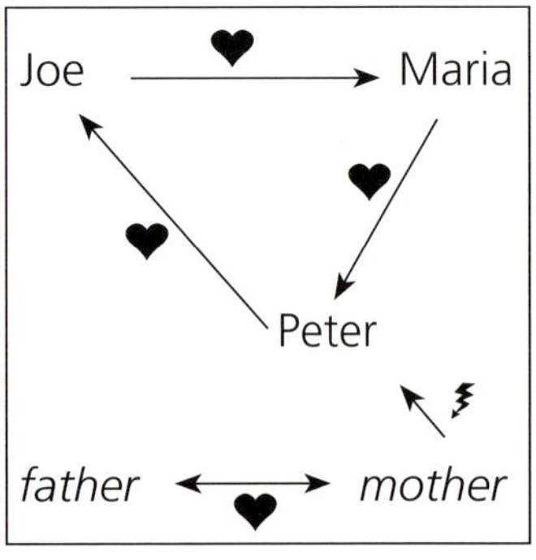

Nun überlege, welche **weiteren Aspekte** des Textes in die Visualisierung aufgenommen werden müssen. Überlege, wo sie im **Verhältnis** zu den Schlüsselwörtern angeordnet sein sollten.

Bleib **flexibel**. Es kann sein, dass du mehrere Anläufe brauchst, bis du die sinnvollste Visualisierung gefunden hast.

1.5 Wie ich Hörverstehen trainiere

45 f., 52 f., 62 f., 84 f., 92 f.

Zuhören kann verschiedene Funktionen haben bzw. verschiedene Absichten verfolgen:

- Entweder **man nimmt nur auf**, was andere sagen, und macht sich seine eigenen Gedanken darüber (z. B. bei Songs, Podcasts, Radioprogramme, Vorträge, Führungen, Mailbox-Nachrichten, Durchsagen, Gespräche, Diskussionen)
oder man hört zunächst zu, um dann **aktiv auf das Gehörte zu reagieren** (z. B.: bei der Teilnahme an Gesprächen und Diskussionen).
- Entweder man interessiert sich nur für den **groben Inhalt** des Gehörten (z. B. eines Songs)
oder man möchte möglichst viele **Details** verstehen (z. B. während einer Führung).
- Entweder man versucht **möglichst viel** von dem zu verstehen, was gesagt wird (z. B. in einer Diskussion),
oder man möchte dem Gehörten **gezielt Informationen** entnehmen (z. B. bei einer Durchsage).

Je nach Funktion und Absicht des Zuhörens wird man sich auf unterschiedliche Weise mit dem Gehörten auseinandersetzen müssen. Grundsätzlich lassen sich **drei Phasen des Zuhörens** unterscheiden, die je nach Situation natürlich eine unterschiedliche Gewichtung haben.

1. Pre-listening: Eine Erwartungshaltung aufbauen

Normalerweise ergeben sich die Erwartungen an eine Hörsituation ganz automatisch: Man weiß, wie eine Stadtführung aufgebaut ist und worauf man während des Zuhörens besonders achten möchte; man hört sich einen gezielt ausgewählten Podcast an, weil man sich z. B. bestimmte Informationen erhofft; man erwartet, dass in Diskussionen verschiedene Standpunkte eingenommen und verteidigt werden usw. All diese Vorinformationen erleichtern das Verstehen.

- Im Fremdsprachenunterricht oder in Prüfungssituationen müssen diese Vorinformationen meist gezielt gegeben werden, z. B. indem man Hörbeispiele durch Texte einleitet. Ein **genaues Lesen solcher Einleitungstexte** ist daher sehr wichtig für das Verständnis des Hörtextes. Folgende Fragen können hilfreich sein:
  - **Wer** spricht mit **wem**? (Alter, Geschlecht, Beruf, Beziehung, Nationalität; Anzahl der Sprecher/innen)
  - Was ist das **Thema**? (Vielleicht kannst du Vorwissen aktivieren.)
  - Was ist die **Situation**? (**formell** – Schule, Radiosendung etc. oder **informell** – Kneipe, Kantine, Bushaltestelle etc.)
  - Um welche **Art** von Hörtext handelt es sich? (Vortrag, Stadtführung, Durchsage, Diskussion, Alltagsgespräch etc.)

- Du solltest dir vor dem Hören darüber im Klaren sein, was während oder nach dem Hören des Textes von dir **erwartet** wird. Lies dir also die **Aufgaben** genau durch, **bevor** du den Text hörst. So kannst du gezielt auf bestimmte Details achten.

2. Listening: Verstehen, was gemeint ist

Im Kontakt mit Muttersprachlern wird nur indirekt überprüft, ob wir das Gehörte verstanden haben, z. B. indem wir auf das Gesagte so reagieren, wie es angemessen scheint und ein entsprechendes Feedback bekommen: Wir steigen in den richtigen oder falschen Zug ein; wir leisten sinnvolle Beiträge zu Gesprächen und Diskussionen oder reden leider total am Thema vorbei; wir erscheinen zum richtigen Zeitpunkt am richtigen Ort oder haben die Nachricht auf der Mailbox eben doch offensichtlich falsch verstanden.
In einer Prüfungssituation wird das Verständnis jedoch direkt geprüft, indem meist bereits **während des Hörens** bestimmte **Aufgaben** (→ S. 7) zu bearbeiten sind, in denen das **Grob- und/oder Detailverständnis** überprüft wird.

- Da du dir diese Aufgaben ja bereits vor dem Hören durchgelesen hast, weißt du schon, worauf du besonders achten musst. Die Aufgaben sind in der Regel **chronologisch** geordnet, so dass die benötigten Informationen nacheinander genannt werden. Immer wenn du eine relevante Information hörst, solltest du die entsprechende Aufgabe **sofort lösen** (z. B. *true* oder *false* ankreuzen). Wenn du noch unsicher bist, notiere ein **Fragezeichen**, so dass du beim nochmaligen Hören des Textes weißt, auf welche Informationen du gezielt achten musst.
- Auch wenn du nicht alles auf Anhieb verstehst, solltest du **einen kühlen Kopf bewahren und weiter konzentriert zuhören**. Dies ist ganz wichtig, um nicht den roten Faden zu verlieren. Mach dir bewusst, dass du den **gesamten Text in der Regel am Ende noch einmal hören** wirst.

3. Post-listening: Das Gehörte verarbeiten

Je nach Situation nimmt diese Phase zeitlich einen größeren oder kleineren Raum ein. Im Gespräch muss man das Gehörte nicht nur verstehen, sondern auch sehr schnell verarbeiten, um entsprechend reagieren zu können. Über Vorträge hingegen kann man noch Jahre später nachdenken und zu neuen Einsichten gelangen.

- In einer Hörverstehensüberprüfung werden manchmal **Aufgaben** gestellt, die erst **nach dem vollständigen Hören des Textes** bearbeitet werden können, da sie recht komplex sind und/oder ein Nachdenken über das Gehörte voraussetzen.

Zusammenfassend gilt: Hörverstehen lernt man nur durch Zuhören. Nutze also möglichst viele Gelegenheiten, um dein Hörverstehen zu testen und zu trainieren. So kannst du dich auch an das authentische Sprechtempo und verschiedene Akzente gewöhnen.

2. Fertigkeiten zur Bearbeitung und Produktion von Sachtexten (non-fictional texts)

2.1 Wie ich einen Text verstehe, strukturiere und mit eigenen Worten zusammenfasse

97 f. 22

Lies den Text ohne zu zögern durch. Gerate nicht in Panik, wenn du vieles nicht verstehst. Es reicht, wenn du dir zunächst einen groben Überblick über den Inhalt verschaffst. Unterstreiche nun alles, was dir wichtig erscheint, mit Bleistift, damit du den Aufbau des Textes erkennen kannst. Da sich Bleistiftmarkierungen ausradieren lassen, ist es nicht weiter schlimm, wenn du zu viel unterstreichst. Sie sind nur vorläufig. Sieh dir nun die unterstrichenen Teile nochmals an und finde die Schlüsselbegriffe. Markiere sie mit einem Textmarker. Nimm nun einen Buntstift zur Hand und unterstreiche zusätzliche Informationen, die zum Verständnis der Schlüsselbegriffe nötig sind. Aber unterstreiche nicht zu viel, damit du nicht die Übersicht verlierst! Notiere die Schüsselbegriffe auf einem zusätzlichen Zettel. Verbinde sie nun gemeinsam mit den wichtigen, bunt unterstrichenen Zusatzinformationen zu einem Netzwerk: Strukturiere die Begriffe so, dass deutlich wird, in welcher Beziehung sie zueinander stehen. Hierzu kann es hilfreich sein, im Text nach *connectives* (→ S. 9f.) zu suchen, die eben diese Beziehung verdeutlichen. Verwende möglichst wenige Begriffe aus dem Text, sodass du beim nächsten Schritt, dem Zusammenfassen des Textes, eigene Formulierungen verwendest und nicht vom Ausgangstext abschreibst. Benutze wenn möglich Abkürzungen und verbinde die Begriffe mit Pfeilen und anderen Symbolen:

1./2./3.	Kennzeichnung einer Reihenfolge
❁	daraus folgt/damit/um zu
( )	Beispiel/Erklärung/weiteres Detail
❄	Gegenteil/Unterschied
= ≠	gleich/ungleich
<	verschiedene Aspekte/Beispiele/Unterpunkte
☺/+	positive Aspekte
☹/–	negative Aspekte
}	Verbindung von unterschiedlichen Aspekten

Wenn du schon geübter bist oder Zeit sparen willst/musst, kannst du **die Pfeile und Symbole auch am Rand** des Textes notieren (→ S. 85).

Ein mögliches Netzwerk dieses Textes

1. Lesen ohne Zögern	→ grober Überblick
2. Bleistiftmarkierungen (vorläufig)	→ wichtige Informationen (Textaufbau)
3. Markierungen mit Textmarker	→ Schlüsselbegriffe
4. Markierungen mit Buntstift	→ zusätzliche Informationen (Verständnis der Schlüsselbegriffe)
5. Netzwerk: Schlüsselbegriffe, Zusatzinformationen, Abk., Pfeile (connectives!), Symbole (connectives!)	→ Beziehung der Schlüsselbegriffe zueinander
6. Zusammenfassen des Textes mithilfe des Netzwerks	→ eigene Formulierungen

(Pfeile etc. auch am Rand des Textes möglich)

2.2 Wie ich informelle und formale Briefe schreibe

50 f. 5 f.

Ein **informeller** Brief ist immer an jemanden adressiert, zu dem du in einem **privaten** Verhältnis stehst.
Ein **formaler** Brief richtet sich hingegen an

- eine Person, die du zwar kennst, zu der du aber nicht in einem privaten Verhältnis stehst (z. B. Lehrer/in; Schulleiter/in),
- eine Person, die du nicht persönlich kennst (z. B. zukünftige/r Arbeitgeber/in; Schulleiter/in einer Schule im Ausland; Politiker/in),
- eine Institution/Organisation (Zeitung; Kirche).

Der informelle Brief

Grußformel

Bedanke dich zunächst für den letzten Brief und nimm darauf Bezug.

Absender (deine Adresse) **kein Name**

Datum

Weißbescheidweg 7
53279 Wissensberg
Germany

7 July, 2010

Beginne mit einem **Großbuchstaben**.

Du kannst Symbole und Kurzformen verwenden.

Hi/Dear/Hello Sue,

Thanks a lot for your letter. It was great to hear about your first day at your new job. Do you like working there? I still don't know what to do after school ☹. Maybe I'll go study in Cologne. It's supposed to be a nice city – especially during the so-called "fifth season" because that's when the people celebrate carnival. ☺

Hope to hear from you soon/Write back soon/ I'm looking forward to your next letter.
Give my love to your sister.

Yours/Love/CU/Best wishes,

Kathrin

Bitte den Adressaten, bald zurückzuschreiben.

Es gibt verschiedene Möglichkeiten, deinen Brief abzuschließen.

Du kannst auch andere Freunde/Bekannte grüßen.

Der formale Brief

Die Grußformel variiert, je nachdem ob du den Adressaten namentlich kennst oder nicht.

Adressat

Absender (deine Adresse) **kein Name**

Datum

34 Winners' Place
London W8F 3BW

Cologne Tourist Information
Unter Fettenhennen 19
50667 Köln
Germany

7 July, 2010/7th July, 2010

Mit Großbuchstaben beginnen!

Dear Sir or Madam/Dear Ms Werauchimmer,

I'm planning to visit Germany this summer and would also like to visit Cologne. Could you please send me some brochures about the city and the cultural events coming up this summer?

Sei stets höflich!

Thank you for your help. I look forward to hearing from you soon.

Yours faithfully/Yours sincerely,

Sue Positive

Sue Positive

Hast du den Adressaten mit Namen angesprochen, endest du mit "Yours sincerely", sonst mit "Yours faithfully".

Nenne den Anlass deines Briefes und trage dann dein Anliegen vor.

Unterschrift und ausgeschriebener Name

2.3 Wie ich einen Leserbrief (letter to the editor) schreibe

43 f. 2

In einem Leserbrief äußerst du deine **Meinung zu einem Zeitungsartikel**. Es handelt sich um eine Sonderform des **formalen** Briefes (→ S. 18) und um einen **argumentativen Text** (→ S. 24).

34 Winners' Square
London W8F 3BW

Guardian News and Media Ltd
119 Farringdon Road
London
ECIR 3ER

7 July, 2010/7th July, 2010

Sir or Madam,

I read your article "Violence in schools" (5 July 2010) and I'm really shocked.

I can't understand why …
I think pupils should/shouldn't …
I think/believe …
I'm of the opinion that …
To my mind, …
The way I see it, …
All in all,/Consequently, …

Sue Positive, London

Anrede ohne "Dear"

Lege im Hauptteil deine Meinung begründet dar. Vergiss nicht, *connectives* zu verwenden!

Nenne im ersten Satz den Zeitungsartikel, auf den du dich beziehst.

Beende den Brief nur mit deinem Namen und deinem Wohnort. (keine Grußformel!)

2.4 Wie ich ein Bewerbungsschreiben verfasse

50 f. 5

Letter of application/covering letter

Ob du dich um einen Ferienjob, Praktikumsplatz, Ausbildungsplatz oder ein Jahr im Ausland bewirbst – dein Bewerbungsschreiben entscheidet maßgeblich darüber, ob du in die nähere Auswahl gelangst oder gar zu einem Vorstellungsgespräch eingeladen wirst. Daher solltest du Folgendes beachten:

- Es handelt sich um einen **formalen Brief** (→ S. 18).
- **Sammle** möglichst viele **Informationen** über den Praktikumsplatz, den Ausbildungsplatz, die Schule im Ausland etc., sodass du deine Wahl in deinem Bewerbungsschreiben nachvollziehbar und überzeugend begründen kannst.
- Überlege dir, warum ausgerechnet **du** ausgewählt werden solltest, und lege dies auch in deinem Brief dar.
- Denke immer daran, dass deine Bewerbungsunterlagen einen **ersten Eindruck** von dir vermitteln. Sie sollten also in jeder Hinsicht fehlerfrei und ordentlich sein.

Hier ein Beispiel:

South Africa Community Development

Volunteers work with *Young People at Risk*, a network including government agencies, NGOs, community projects, schools, churches and volunteers. They aim to reach three youth groups: street children, children struggling in school, and children who have left school altogether. You work alongside local volunteers, social workers and teachers to befriend the children, teach them life skills and help with holiday camps and sporting activities. The variety of activities is enormous, ranging from administration to optional service on overnight programs that work with children on the streets.

(http://www.i-to-i.com)

Überblicksstr. 4
43175 Lockersdorf
Germany

i-to-i
24 Firth Grove
Leeds
LS11 7HR
England

Erst mal sagen, was ich möchte …

7 October, 2010/7th October, 2010

Dear Sir or Madam,

I would like to apply for volunteer work in your project *Young People at Risk* in South Africa as advertised on your website.

Wer bin ich?

At the moment, I am still attending school in Lockersdorf in Germany. Next summer, however, I will have finished Form 10 and am planning to spend some time abroad.

Warum will ich ausgerechnet in diesem Projekt mitarbeiten?

I would love to gain some work experience in your project because I think it must be great to help disadvantaged children, especially when given the support of experienced social workers.

Warum bin ich geeignet?

A look at my CV shows that I am very interested in working with children. In addition to having baby-sitted for two years now, I have been a tutor for English since the beginning of this year. Moreover, I am very much involved in my local church parish, where I run a group for children.

Ich will unbedingt angenommen werden.

In closing, I would like to assure you that I am prepared to work hard if given the chance. I enclose my CV and look forward to hearing from you soon.

Yours faithfully,

Nicolas Profi

Nicolas Profi

So, jetzt noch mal überprüfen, ob alles fehlerfrei ist.

Der Lebenslauf (CV: Curriculum Vitae)

Neben dem Bewerbungsschreiben (letter of application) musst du deiner Bewerbung immer einen Lebenslauf beilegen, der die **wichtigsten Informationen über dich und deine bisherige schulische Laufbahn und Erfahrungen in der Arbeitswelt enthält**. Denke daran, dass dein Lebenslauf – ebenso wie dein Bewerbungsschreiben – sorgfältig begutachtet werden wird. Du kannst dir also keine Fehler erlauben – weder inhaltlich, noch formal oder sprachlich!

Curriculum Vitae

Name:	Nicolas Profi
Address:	Überblicksstr. 4 43175 Lockersdorf
Telephone number:	01234/5678910 mobile: 01234567891
E-mail:	n.profi@webline.de
Date of birth:	25th February, 1991
Nationality:	German
EDUCATION AND TRAINING	
1997–2001	Katholische Grundschule Wissen (primary school)
2001–2007	Humboldt Gymnasium Lockersdorf (grammar school) Mittlerer Bildungsabschluss (equivalent to GCSE – O-levels)
WORK EXPERIENCE	
2007	2 weeks as a receptionist (school work experience programme)
2006–2007	private tutor for English
2006–2007	babysitting
LANGUAGES	English and French (fluent both verbally and in writing)
ADDITIONAL SKILLS	• familiar with computers, and most commonly-used software packages • organization (leading a children's group at my local church parish)
INTERESTS	music (drums); acting; sports (football, basketball)

Improve your texts – Useful phrases

Letter of application

From your company's website I learned about your need for a …
I'm interested in the position of … as advertised in …
I would like to apply for the (summer) job as a … as advertised in …/on your website.

I would enjoy the challenge of …	… improving my English.
I think it would be a great opportunity to …	… gain some experience.
I would really like to …	… develop my professional/ language skills.
I would welcome the chance to …	… work in a team.

I worked/have been working …

I was/have been employed at …

My responsibilities included …

I believe that the skills I acquired can be easily transferred to working as a/ at a …

I'm looking/I look forward to hearing from you soon.

Lebenslauf (CV)

<u>Education and training:</u>	
Abitur:	Abitur (approx. A-levels/equivalent to A-levels)
Mittlerer Bildungsabschluss:	Mittlerer Bildungsabschluss (approx./ equivalent to GCSE – O-levels)
Gymnasium:	grammar school (BrE) / high school (AmE)
Gesamtschule:	comprehensive school
<u>Work experience:</u>	
Ferienjob:	vacation job (AmE), holiday job (BrE)
Schulpraktikum:	school work experience programme
Praktikum:	work experience (BrE); internship (AmE)
Nachhilfe in …:	private tuition in …
Nachhilfelehrer/in für …:	private tutor for …
Verkäufer/in:	shop assistant
„Babysitten":	babysitting
Zeitung austragen:	delivering newspapers
Zivildienst:	community service
freiwilliges soziales Jahr:	voluntary community service
Schülerzeitung:	writing for the school/student magazine

2.5 Wie ich einen argumentativen Text schreibe

66 f. 12

In einem argumentativen Text nimmst du **Stellung zu einer bestimmten Frage oder Problematik** und möchtest andere von deiner Haltung **überzeugen**. Die entsprechenden Aufgabenstellungen können folgendermaßen lauten:

What is your opinion? Give reasons.
What do you think about …? Give reasons.
Discuss the following statement/question: "…"
Comment on the following statement: "…"

Auch ein **Leserbrief** (→ S. 19) und eine **Rede** (→ 71 f.) sind argumentative Texte.

Es gibt verschiedene Möglichkeiten, einen argumentativen Text zu strukturieren. Du kannst folgendermaßen vorgehen:

Bereite das Schreiben deines Textes vor:

1. Entscheide dich für einen Standpunkt.

2. Sammle Argumente, die deinen Standpunkt unterstützen.

3. Ordne sie so (z. B. durch Nummerierung), dass das schwerwiegendste, überzeugendste Argument am Schluss steht.

4. Suche Beispiele, um zentrale Argumente zu illustrieren, damit dein Text lebendiger und überzeugender wird.

5. Sammle Argumente, die man gegen deinen Standpunkt anführen könnte, damit du deinen Gegnern den Wind aus den Segeln nehmen kannst.

Schreibe deinen Text.

- Achte auf eine **klare Struktur** (Einleitung, Hauptteil, Schluss).
- Überlege dir eine spritzige **Einleitung (introduction)**, die das Thema vorstellt. Du kannst z. B. rhetorische oder echte Fragen stellen oder einen Experten zitieren.

  Beginne mit den **Argumenten der Gegenposition und lege dann deine Meinung dar**. Je nach Aufgabenstellung liegt der Schwerpunkt hierbei eher auf einer gründlichen Abwägung aller Argumente (*Discuss/Give reasons for and against*, etc.) oder auf der Begründung der eigenen Meinung (*What's your opinion? What do you think of …?*).
- Schreibe pro Argument einen kurzen **Absatz** und **setze die Absätze optisch voneinander ab**.
- Denke daran, deine Gedanken durch *connectives* (→ S. 9 f.) **logisch zu verknüpfen**.
- Vergiss nicht, dass du deine Leser/Zuhörer **überzeugen** möchtest. Du kannst hierzu eine Reihe **rhetorischer Mittel** (→ S. 28) anwenden, musst aber vor allem darauf achten, dass die Leser und Zuhörer sich angesprochen fühlen und den roten Faden nicht verlieren.

Improve your texts – Useful phrases

Introduction

Main part

a) your point of view

I'm of the opinion that …

b) the opposite point of view

It might be argued that …

One could well say that …

It is often generally accepted that …

There is some evidence to suggest that …

On the one hand, … but on the other hand, …

c) development of your own argument

Nevertheless, …

However, …

This brings me to the next point.

A further point to consider is …

It is only partly true that …

Although …,

Every argument has two sides.

Take, for example, …

You have to consider that …

It is often said … but I think …

Everybody must agree that …

Even if …,

Let us now return to …

We have to admit that …

It is important to realize that …

In addition to this point, I want to stress that …

Moreover, …

There can be no doubt that …

Everybody knows that this is the case …

Conclusion

It is for this reason that I believe that …

Therefore, …

My own view of the matter is …

Therefore, all in all, I believe that …

Lies deinen Text am Ende nochmals durch und überprüfe ihn auf sprachliche Richtigkeit.

2.6 Wie ich einen argumentativen Text (Rede, Kommentar) analysiere

71 f. 14

Nachdem du einen dir vorliegenden Text unter einer bestimmten Fragestellung zusammengefasst hast, wird meist in der zweiten Frage eine Analyse des Textes erwartet. Dies bedeutet, dass du herausfinden sollst, **wie** der Autor des Textes seine Meinung zum Ausdruck bringt, **wie** er versucht die Leserinnen und Leser zu überzeugen. Die Fragestellung lautet dementsprechend ungefähr so:

How does the speaker attract the audience's attention? Focus on the content and on the language (rhetorical devices) of his speech.

Write about how the ideas are expressed. What devices are used?

Wie du wahrscheinlich bereits aus dem Verfassen eigener argumentativer Texte weißt (→ S. 24), gibt es verschiedene Möglichkeiten, einen solchen Text nachvollziehbar und überzeugend zu gestalten. Nun ist es an dir herauszufinden, von welchen dieser Möglichkeiten der Autor des dir vorliegenden Textes Gebrauch gemacht hat.

Bereite das Schreiben deiner Analyse vor: Folgende Fragen können hilfreich sein:

1. Wie ist der Text strukturiert? *(composition)*

- Wie ist die Einleitung gestaltet? Wird hier schon eine klare Position bezogen, die dann begründet wird?
- Wie sind die Argumente des Autors angeordnet? (Steht das schwerwiegendste am Ende?)
- Werden erst Gegenargumente genannt, die dann widerlegt werden?
- Worin besteht die Zusammenfassung/das Fazit des Textes? Wo liegt der Schwerpunkt?

2. Womit überzeugt der Autor/Redner/Text inhaltlich? *(content)*

- Nennt der Autor viele Argumente, um seine Meinung zu untermauern oder baut er auf wenige, aber dafür sehr überzeugende?
- Sind die Argumente mit Beispielen illustriert?
- Sind die Inhalte leicht verständlich und nachvollziehbar oder erfordern sie Expertenwissen? (→ Adressaten?)
- Werden Experten zitiert?

3. Welche rhetorischen Mittel werden im Text verwendet und welchen Effekt haben sie? *(language/rhetorical devices)*

Rhetorische Mittel	Mögliche Funktionen/Effekte
repetition (to repeat) ■ **anaphora** ("When we … when we … when we …") ■ **alliteration** ("So soft, so sweet …") ■ **parallelism** ("I like chocolate, I love chocolate, I crave chocolate.")	■ to stress/to put emphasis on/to emphasize/to draw attention to … ■ key words/major arguments/important aspects ■ increase in intensity
use of first person plural pronoun ("We all agree …")	■ to involve the listeners/readers ■ speaker presumes/presupposes that listeners/readers support his/her point of view/agree with him/her (It seems unreasonable not to agree with the speaker.) ■ author wants to impose his/her opinion on the reader ■ to create the illusion of a group identity/mutual understanding ("us" against "them")
drastic/vivid descriptions ("Having seen people jump off the building, …")	■ to appeal to … … the emotions rather than to reason … the listeners'/readers' conscience
claims (instead of well balanced arguments) ("No one can seriously doubt that global warming is caused by humans.")	■ no room left for doubts/questions ■ speaker presumes that listeners/readers agree with him/her (appeal to general knowledge/common sense)
rhetorical questions ("Do you really believe that …?")	■ to involve listeners/readers ■ to make them think or question old beliefs ■ to arouse interest/to attract attention
enumeration (to enumerate) ("The problems are caused by our cars, our electronic devices and our factories.")	■ to emphasize/to stress sth. ■ to make listeners/readers aware of the extent of the problem
increase in intensity	■ In the enumeration, there is an increase in intensity.
comparison/simile (to compare sth. to/with sth.) ("You are blind as a bat.")	■ to arouse interest ■ to simplify complicated matters by referring to everyday/known experiences/phenomena
personification (to personify) ("The USA forbears responsibility …")	■ to simplify matters by reducing complexity ■ to imply that the abstract unit/phenomenon can (re)act as one
metaphor (for)/**image/symbol** (of)	■ to arouse interest ■ to simplify ■ to illustrate
irony/sarcasm	■ indirect criticism
hyperbole/exaggeration ("Nobody in their right mind would dare to suggest …")	■ to launch into a polemic against ■ to be polemic ■ to stress/to highlight a fact
quoting experts/authorities; referring to statistics/polls/research	■ to back up/support one's arguments ■ to eliminate doubt
direct address to the listeners/readers ("Would you want to …?")	■ to make them feel involved ■ to appeal to the listeners'/readers' conscience

Lies dir die **konkrete Fragestellung** auf jeden Fall genau durch. Manchmal ist ein **Schwerpunkt** der Analyse (z. B. *rhetorical devices* oder *composition*) vorgegeben.

Schreibe deine Analyse.

- Achte auf eine **klare Struktur** (Einleitung, Hauptteil, Schluss).
- Der **einleitende Satz** könnte lauten: *The author employs/uses several rhetorical devices to convey his/her message/ideas. To convey his/her message the author makes use of …/The author underlines his/her message/arguments in several ways …*
- Strukturiere deinen **Hauptteil**.
  - Sprich je nach Aufgabenstellung zunächst über den Aufbau des Textes, dann über inhaltliche Aspekte und dann über rhetorische Mittel.
  - Die **rhetorischen Mittel solltest du gemäß ihres Effektes** kategorisieren. Mache entsprechende Abschnitte:

The author **tries to involve the readers.** For example, he asks *rhetorical questions* (l. 3; l. 5) to make them think about the issue. Moreover, he uses the *first person plural pronoun* (l. 6; l. 8) presupposing a mutual understanding.
Appealing to his readers' emotions is another effective way of convincing them. In line 6 for example, he *describes … very vividly and drastically* …

- **Belege deine Analyse am Text**, indem du zitierst und/oder auf die entsprechenden Zeilen verweist. (→ S. 11)
- Denke daran, deine Gedanken durch *connectives* (→ S. 9f.) logisch zu verknüpfen.

Lies deinen Text am Ende nochmals durch und überprüfe ihn auf sprachliche Richtigkeit.

3. Fertigkeiten zur Analyse literarischer Texte (fictional texts)

3.1 Wie ich ein Gedicht analysiere

90 f. 18 f.

Der **Inhalt und die Intention** eines Gedichts erschließen sich meist nur – oder zumindest besser –, wenn man es genauer analysiert hat. **Wie bei keinem anderen Text sind nämlich im Gedicht Inhalt und Form miteinander verwoben.**

- Klassischerweise besteht ein Gedicht aus verschiedenen **Strophen** (***stanzas***), die sich wiederum aus **Versen** (***lines***) zusammensetzen, die sich **reimen** (***to rhyme***) können. Manchmal gibt es auch einen **Refrain** (***chorus***).
- Weiterhin typisch für Gedichte ist die Verwendung von **Bildern und Vergleichen** (***imagery and comparisons*** vgl. die Liste auf Seite 31 f.).
- Auch **Klang und Rhythmus** (***sound and rhythm***) eines Gedichts sind eng mit seinem Inhalt verknüpft: Wiederholungen, Alliterationen und Anaphern tragen zur Vermittlung einer bestimmten Stimmung bei (vgl. die Liste auf Seite 31 f.).

Bereite das Schreiben deiner Analyse vor. Unterstreiche relevante Wörter im Text. Folgende Fragen können hilfreich sein:

1. Wie ist das Gedicht strukturiert?

- Aus wie vielen Strophen besteht das Gedicht? Worum geht es in den Strophen? Gibt es einen Refrain oder einen wiederkehrenden Vers, der das Thema angibt?

2. Welche Bilder werden verwendet?

- Aus welchem Bereich stammen die Bilder (z. B. Natur; Alltag; Krieg)?
- Was bedeuten sie, wenn man sie wörtlich nimmt? Was verbindet man mit ihnen? Was könnten sie – im Gesamtzusammenhang des Gedichts – im übertragenen Sinn bedeuten?

3. Was fällt bei der Wortwahl auf?

- Werden viele **Adjektive** verwendet? Wenn ja, handelt es sich wahrscheinlich um ein beschreibendes Gedicht, das dem Leser etwas vor dem inneren Auge ausmalen will; die Sinne werden angesprochen; es ist ein Gemälde mit Worten.

- Werden viele **Verben** verwendet? Wenn ja, kann das Gedicht je nach Verben sehr lebendig oder auch statisch wirken; vielleicht wird auch ein Kontrast hergestellt zwischen lebendigen und statischen/passiven Aspekten.
- Welche Wörter werden wiederholt? Welche Wirkung hat das?

4. Welche Stimmung wird durch den Klang und den Rhythmus erzeugt?

- Hat das Gedicht einen gleichmäßigen oder ungleichmäßigen Rhythmus? Je nachdem wird eine eher heitere/lebendige/chaotische etc. oder eine melancholische/traurige/harmonische etc. Stimmung/Atmosphäre erzeugt.
- Dominieren dunkle oder helle Vokale? Werden diese durch Alliterationen oder Reime besonders betont? Auch hierdurch wird entweder eine eher heitere helle oder bedrohlich dunkle Atmosphäre hervorgerufen.

stylistic device	explanation	examples taken from poems	possible effects/functions
alliteration	the *repetition of initial sounds*	I caught this morning morning's minion ... (G. M. Hopkins, "The Windhover")	to produce a rhythmic effect; comic effect; onomatopoeia
anaphora	the *repetition of the same words* in neighbouring stanzas, lines, etc.	And I saw it was filled with graves, And tomb-stones where flowers should be: And priests in black gowns ... (W. Blake, "The Garden of Love")	to heighten the effect; to stress a certain aspect; to drum sth. into the listener/ reader; the fact can't be ignored
enjambment	a *sentence or a clause* in a poem *which runs on from one line to the next without a pause* (also called *run-on-line*)	And, when there came a pause Of silence such as baffled his best skill ... (W. Wordsworth, "There was a boy")	to enact meaning (cf. example); creation of suspense; surprise
gradation	A number of *statements* are *ordered in a series so that each one increases in force leading to a climax.* Repetition is normally a characteristic of gradation.	We shall learn all these devices the white man has, We shall handle his tools for ourselves. We shall master his machinery, his inventions,... (D. Nez, "New Way, Old Way")	emphasis
metaphor, metaphoric(al)	a stylistic device in which things are linked with one another in the form of *an implicit comparison*	There's daggers in men's smiles. (W. Shakespeare, Macbeth, II. iii, 147)	to convey feelings that can't be described; listener has to think twice; image can convey many different aspects; to offer new insights into the object of discussion

stylistic device	explanation	examples taken from poems	possible effects/functions
metre	*Regular arrangement of strong stresses* in a stretch of language. A group of stressed and unstressed syllables forms a metrical unit and is called a foot. ■ iamb, iambic _ X ■ trochee (trochaic) X _ ■ dactyl X _ _ ■ anapaest _ _ X	 evént, avóid háppen, wóman háppily, élements underneáth	underlines general atmosphere or mood conveyed by the poem: <u>regular metre:</u> peaceful, calm, controlled, dull, boring … <u>irregular metre:</u> chaotic, creative, disturbing, hectic …
onomatopoeia onomatopoeic	use of words which *imitate the sounds they refer to*	buzz, cuckoo, smack	vivid illustration; appeal to sense of hearing
personification to personify	*representing animals, plants, objects, abstract ideas* as if they were *human beings* and possessed human qualities	See the mountains kiss high Heaven And the waves clasp one another (P. B. Shelley, "Love's Philosophy")	to depict nature, etc. from a different perspective; to raise the reader's awareness; to open the reader's eyes to new experiences
repetition	the *repeated use* of particular sounds, syllables, words, phrases, sentences	He was <u>*my*</u> North, <u>*my*</u> South, <u>*my*</u> East and West, <u>*My*</u> working week, and <u>*my*</u> Sunday rest (W. H. Auden, "Funeral Blues")	to structure the poem; to stress keywords; emphasis
rhetorical questions	the asking of a *question to which the author already knows the answer*	Have I not passed thee on the wooden bridge, Wrapped in thy cloak and battling with the snow …? (M. Arnold, "The Scholar Gipsy")	emphasis; to involve the listener; the writer expects the reader to be totally convinced about the appropriate reply
rhyme alternate rhyme (abab) enclosed rhyme (abba)	*repetition of identical or similar sounds* in two or more different words		to achieve a pleasant sound; to reinforce the structure of a poem; to link words together
simile	*explicit comparison* through the words *as* or *like*	Love is <u>*like*</u> a flower, it must flower and fade (D. H. Lawrence, "The Mess of Love")	to offer new insights into the object of discussion
symbol, symbolic(al)	A concrete object not only stands for itself but for some abstract idea as well. Symbols are established through *tradition and convention.*	lion: symbol of power; rose: symbol of love; white: symbol of innocence	

Lies dir die **konkrete Fragestellung** auf jeden Fall genau durch. Manchmal ist ein **Schwerpunkt** der Analyse (z. B. *imagery* oder *composition*) vorgegeben.

Schreibe deine Analyse.

Achte darauf, einen **gut strukturierten Text** (→ S. 8) zu schreiben und alles am Text zu belegen (→ S. 11)

Lies deinen Text am Ende nochmals durch und überprüfe ihn auf sprachliche Richtigkeit.

3.2 Wie ich das *setting* eines literarischen Textes analysiere

57 f. 9

Zu Beginn jeder Kurzgeschichte, jedes Dramas und jedes Romans wird in der Regel das sogenannte *setting* beschrieben bzw. vorgestellt.

setting = Ort und Zeit
Die Beschreibung kann auf **direkte Weise** erfolgen:

> It was in the middle of the night in a spooky old house near London. I was sitting in a room stuffed with antique furniture and cobwebs all over the place …

Das *setting* kann aber auch **nur angedeutet** werden:

> I was frightened. Sitting in an antique, wooden chair I felt cobwebs touch my cheeks and heard Big Ben strike midnight …

In der Analyse des *settings* soll deutlich werden, wie die direkte oder indirekte Beschreibung von Ort und Zeit zur Schaffung einer bestimmten **Atmosphäre** (*atmosphere*) beitragen.

Bereite das Schreiben deiner Analyse vor.

Lies dir den Text genau durch und **unterstreiche alle Informationen**, die Aufschluss über Ort und Zeit des Geschehens geben. Lies dir die konkrete Fragestellung auf jeden Fall genau durch. Manchmal ist ein Schwerpunkt der Analyse (z. B. *effect of sounds* oder *contrast of light and darkness*) vorgegeben.

Schreibe deine Analyse.

Achte darauf, einen **gut strukturierten Text** zu schreiben (→ S. 8) und alles **am Text zu belegen** (→ S. 11).

Improve your texts – Useful phrases

The story takes place in/is set in …
There are various hints to suggest that …
The narrator gives a rough/detailed/vivid impression of the room/the town/the street …
The word(s) … in l. 3 suggest that/imply/convey a(n) … atmosphere/conjure up the impression of …
What is striking here is …/This makes the reader think of …
All things considered, there is evidence enough to say that …
Therefore, all in all, we can conclude that the narrator wants to convey that …

Lies deinen Text am Ende nochmals durch und überprüfe ihn auf sprachliche Richtigkeit.

3.3 Wie ich die Erzählperspektive erkenne und analysiere

57 f.

Kurzgeschichten und Romane werden immer aus einer **bestimmten Perspektive** erzählt. Folgende **Erzählperspektiven** (***points of view***) lassen sich unterscheiden:

1. first-person point of view/first-person narrator

- Personalpronomen "I"
- ist eine **Figur der Geschichte** (Hauptfigur [*protagonist, main character*]; Nebenfigur [*minor character*]; Beobachter, der nicht in die Handlung involviert ist [*observer*])
- **eingeschränkte Perspektive:** kennt nur die eigenen Gefühle und Erfahrungen, beschreibt andere Figuren/Ereignisse rein subjektiv

- Leser kann **manipuliert** werden, da er nur eine Sicht der Dinge kennt

> I was only ten years old when my father died. I didn't really understand how that could have happened. And nobody took the time to explain it to me. My mom just kept crying. That's why I decided to run away from home ...

2. third-person point of view/third-person narrator

- ist **keine Figur der Geschichte**
- bezieht sich auf alle Figuren der Geschichte mit den Personalpronomen ***he/she/they***

Es gibt zwei Arten des *third person point of view*:

- **omniscient point of view** (allwissend; kennt alle Gedanken und Motive der Figuren; kennt auch Vergangenheit und Zukunft der Figuren; bewegt sich frei in Raum und Zeit; kann die Handlung kommentieren oder interpretieren)

> Peter was ten when his father died. Unfortunately, nobody took the time to explain to him how this could have happened. Nobody dared to tell him that his father had committed suicide at the age of 31 or why. His mother's reaction was a nervous breakdown. And so Peter's only way of coping with his mother's unbearable silence and grief was to run away from home ...

- **limited point of view** (fokussiert auf eine Figur, deren Gedanken und Erfahrungen im Mittelpunkt stehen; beschreibt andere Figuren/Handlungen aus der Perspektive dieser Figur)

> Peter was ten when his father died. He did not understand how that could have happened. But nobody took the time to explain it to him. His mom just kept crying. That's why he decided to run away from home ...

Bereite das Schreiben deiner Analyse vor.

Lies den literarischen Text genau durch und **unterstreiche Stellen**, die darüber Aufschluss geben, um welche **Erzählperspektive** es sich handelt. Welchen **Effekt** hat diese auf den Leser?

Schreibe deine Analyse.

Achte darauf, einen **gut strukturierten Text** (→ S. 8) zu schreiben und alles **am Text zu belegen** (→ S. 11).

Improve your texts – Useful phrases

Omniscient narrator
The narrator himself does not participate in the action but describes the actions of all characters without focusing on one point of view.
This becomes clear in lines … when he describes …
The fact that the narrator knows details about … also shows that he is omniscient.
In line … it becomes obvious that the narrator has complete insight into the characters' thoughts, motivations and emotions: "… "
The narrator provides the readers with his comments and evaluations. Every single piece of information given has already been interpreted by the omniscient narrator.

Third-person limited point of view/first person narrator
From the very beginning, the reader gets all impressions and information filtered through the protagonist's/a minor character's mind.
The descriptions are restricted/limited to the main character's/a minor character's perspective.
The events are viewed from a subjective angle.
Tension is created because everything is witnessed by the reader from within the protagonist's/the minor character's mind. We do not know any more than this character does. For example, the characteristics of the setting are only gradually revealed so it's a bit like solving a riddle/doing a jigsaw puzzle.
The reader is made curious; he/she would like to know more than the protagonist/the minor character.
The reader is drawn into the atmosphere of the setting/invited to feel and see what the protagonist/the minor character sees and feels: thus a closeness between reader and protagonist/the minor character is established.
The other characters are described from one character's (subjective!) perspective, so it becomes clear that he/she likes/hates/loves/suspects …

Lies deinen Text am Ende nochmals durch und überprüfe ihn auf sprachliche Richtigkeit.

3.4 Wie ich eine literarische Figur charakterisiere

57 f. 10

Um eine literarische Figur zu charakterisieren, muss man zunächst möglichst viele Informationen zu folgenden Aspekten sammeln:

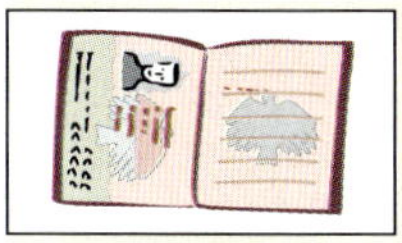

- **Eckdaten** (Alter, Beruf, Familie …)

- **äußeres Erscheinungsbild**

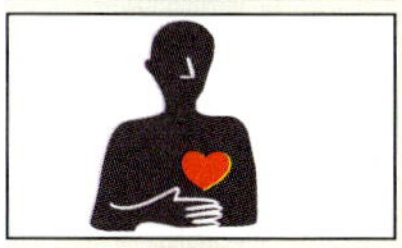

- **Haltungen/Wünsche/allgemeine Eigenschaften**

- **Verhalten in bestimmten Situationen**

- **Verhalten gegenüber/Beziehungen zu anderen**

Diese Aspekte werden zuweilen **direkt** vom Erzähler genannt (***direct characterization, telling***).

> Although she was a slim, good-looking woman in her twenties, she hated going out with friends because this made her feel self-conscious.

In den meisten Fällen müssen sie jedoch **erschlossen** werden, indem man z. B. das Verhalten oder die Gedanken der zu charakterisierenden Figur analysiert und deutet (***indirect characterization; showing***).

> She looked into the mirror. She hated her body, although it was perfect in the eyes of society. She did not want to go out tonight – she would not be able to stand all those good-looking, cheerful friends of hers.

Bereite das Schreiben deiner Charakterisierung vor.

- Lies den literarischen Text genau durch und **unterstreiche Stellen**, die über die Figur Aufschluss geben.
- **Kategorisiere** die gesammelten Textstellen, z. B. in Form einer Mindmap.

Schreibe deine Charakterisierung.

Achte darauf, einen **gut strukturierten Text** (→ S. 8) zu schreiben und alles **am Text zu belegen** (→ S. 11). Beginne mit Angaben zur Person und zum äußeren Erscheinungsbild.

Improve your texts – Useful phrases

The main character in the story is …
The narrator describes/characterizes him/her as …
S/he is mainly characterized by his/her selfishness/arrogance/insecurity …
His/her behaviour is marked by arrogance/insecurity/self-confidence …
S/he behaves in a(n) … way.
His/her indifference/love/hate … becomes apparent when s/he …
This behaviour shows that s/he is … / Here it becomes obvious/clear that s/he is …
By saying that …, s/he reveals that s/he is/feels …
S/he always (re)acts spontaneously/cleverly/quickly …
S/he seems to be someone who …
In lines …, it becomes obvious that s/he likes/dislikes/hates/enjoys …

Lies deinen Text am Ende nochmals durch und überprüfe ihn auf sprachliche Richtigkeit.

Young and Beautiful?

1. Das Leseverstehen trainieren

1

The following excerpt from a brochure deals with eating disorders.

First read the whole text once.
Then read the questions.

a)

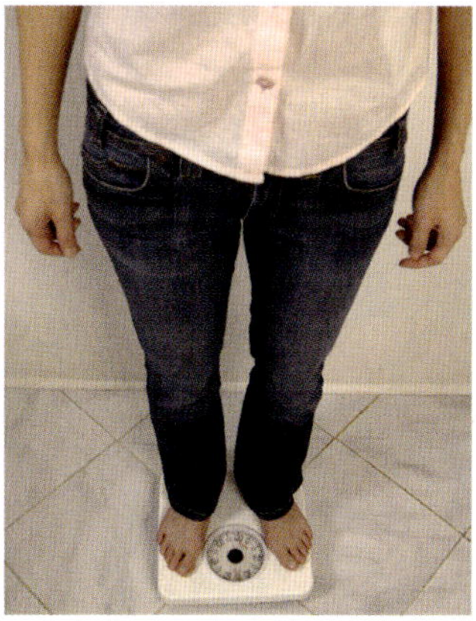

We've all heard that "it's what's on the inside that counts," right? But let's face it. As soon as you switch on the TV or flip through a magazine ... Wham! You're hit with images of models and celebs whose lives seem as picture perfect as their looks. Everywhere you turn, the message seems to be that a thin, trim body can be the answer to all of your problems. Sometimes these thoughts about body image can get pretty serious ... so much that some people develop an "eating disorder." Eating disorders are very dangerous and can really damage someone's health. [...] Eating disorders [...] affect over five million people! In fact, 1 out of every 100 young women between the ages of 10 and 20 suffers from an eating disorder. Finding out more about these illnesses will make you better able to help yourself and people you love.

b)

Mike totally looks up to his older brother Stephen. Stephen is in high school and the star varsity wrestler. Mike goes to every match to cheer his brother on from the bleachers. Sometimes, Stephen even invites him to go out to eat with the rest of the team after a big match. Mike notices that Stephen eats A LOT at these meals. One time he even saw him scarf a whole pizza all by himself! When Mike asks him about it, Stephen explains that because there are weight requirements for his team, he has to starve himself for a few days before each match and exercise like crazy to sweat out the calories. By the time the match is over, he's ready for a serious pig-out. He says that lots of his teammates do it too, and it's no big deal. They're all very serious athletes and they push themselves to do whatever they need to for the team.

Mike respects his brother's dedication, but he also worries that this behaviour is not as normal as Stephen is making it sound. He remembers reading about three college wrestlers who died from kidney failure and heart problems because they were trying to lose too much weight too quickly. Mike's heard of eating disorders before, but he's confused. Aren't eating disorders for girls? His brother is a strong, popular athlete. Could he actually have a problem?

Mike is right to be worried about his brother. Even though eating disorders are traditionally associated with girls, the truth is that these illnesses affect girls **and** boys. About 10% (that's 1 in 10) of all eating disorder cases are male. Athletes like Stephen are at a greater risk because their sport requires them to be a certain weight. Stephen's cycle of starvation, over-exercise, and bingeing are putting a strain on his body that could have deadly results.

c)

Eating disorders are complicated illnesses, but the good news is that they can be treated. Most people with eating disorders are afraid to reach out and admit that they have a problem. They might be ashamed or convinced that they can handle the situation by themselves. But without professional help, eating disorders will get worse. If you feel that your eating habits are out of control, you must get help. Talk to any trusted adult: a school counsellor, doctor, family member, religious leader ... anyone. If you don't feel comfortable reaching out to an adult, try talking to a friend first. If you're worried about a friend or family member who may have an eating disorder, here are some tips on how to approach them:

Don't judge. It can be a hassle to always have to reassure your friend that s/he doesn't look fat. You might be tempted to shake him or her and say "What's wrong with you? You look fine! Why don't you just eat?" But remember, people with eating disorders have distorted body images. That means, no matter how thin your friend looks to you and everyone else, he or she doesn't see that in the mirror. Because eating disorders aren't really about food, forcing someone to eat won't fix the problem either.

Get serious. Instead of saying, "You don't look fat!" for the hundredth time, tell your friend that you think this is about more than his or her size. Explain that you're concerned and that you think he or she should talk to an adult. [...] You can't fix this problem alone, and neither can your friend. Chances are, she or he won't be too happy about the idea of talking to an adult, but you can offer to go along. Maybe there's a favourite teacher or coach that you could talk to together. If he or she won't go, it's time to take matters into your own hands and talk to an adult you trust about what's going on. Your friend might be mad, but in the long run, you might be saving the life of someone you love. [...]

("Eating Disorders", http://pbskids.org/itsmylife/body/eatingdisorders, © 2005 CastleWorks, Inc., 20.10.07)

1 Tick the appropriate heading for each paragraph.

a) 1. ❑ Celebrities and models
   2. ❑ Thin at all costs?
   3. ❑ Definitions
b) 1. ❑ Stephen's case
   2. ❑ Wrestling
   3. ❑ My brother
c) 1. ❑ How to help?
   2. ❑ How to get help?
   3. ❑ How to help and get help?

2 True, false, not in the text? – Correct the false sentences.

	true	**false**	**not in the text**
a) 10 % of all boys suffer from an eating disorder.			
b) If you are worried about a friend, you should tell him/her to talk to an adult about his/her problems.			
c) Most male athletes suffer from an eating disorder.			
d) 1 % of all young women between 10 and 20 suffer from anorexia.			
e) You should keep telling your friend that he or she does not look fat.			

3 Complete the following sentences:

a) If you constantly think about body image, ...
b) After a match, Stephen is very hungry because ...
c) Having a distorted body image means ...
d) Although your friend might be angry, ...

4 Here are some tips on how to deal with somebody suffering from an eating disorder. Tick the ones which might really be helpful according to the text.

a) ❑ Keep mentioning the importance of being slim.
b) ❑ Don't take his/her talk about weight seriously.
c) ❑ Tell him/her honestly that you are worried about him/her.
d) ❑ Assure him/her that his/her eating disorder isn't a big deal and that you can help him/her to sort it out.
e) ❑ If your friend does not react to your advice at all, talk to an adult you trust.

2. Den Wortschatz vertiefen und erweitern – Talking about People and Their Problems

1

Talking about people's weight

5 Put the following adjectives in the correct category.

fat, obese, overweight, heavy, large, plump, slender, slim, skinny, bony, underweight, thin, anorexic

(rather) neutral	medical term	positive	negative

Giving advice

6 Complete the sentences below.

a) "Why ______________________ talk to a teacher you trust?"

b) "I ______________________ (to suggest; to see) a doctor."

c) "______________________ counselling?" (*professionelle Beratung*)

d) "______________________ (to consider; to tell) your parents?"

Talking about feelings

7 List five positive and five negative feelings.

Sometimes I feel ☺ …	Sometimes I feel ☹ …

3. Mit Texten arbeiten – einen Leserbrief verfassen

19 2

This is an extract from an article published in the British newspaper THE OBSERVER.

First read the article and then do the task.

Schoolgirls in rush for plastic surgery

Tracy McVeigh

[…] Sandra's story is typical. At 17, she cannot yet marry without parents' consent, buy alcohol or vote. But she boasts silicone-enhanced breasts. 'All my friends are jealous,' she giggles. 'I had really little ones and I felt embarrassed. I'm more confident now and wear low tops.'

The operation cost her father £ 2,450. She thinks he paid it to annoy her mother, from whom he is estranged.

Sandra is among an estimated 65,000 Britons who have cosmetic surgery each year. More and more are teenagers […]. Dr Eileen Bradbury, a psychologist from London's Chelsea and Westminster hospital, said: 'One mustn't demonise cosmetic surgery – it can be an enormous help to those who would otherwise be deeply unhappy. But there is a huge amount of money to be made and therefore a huge amount of ex-

Under cover: Lorna Fletcher

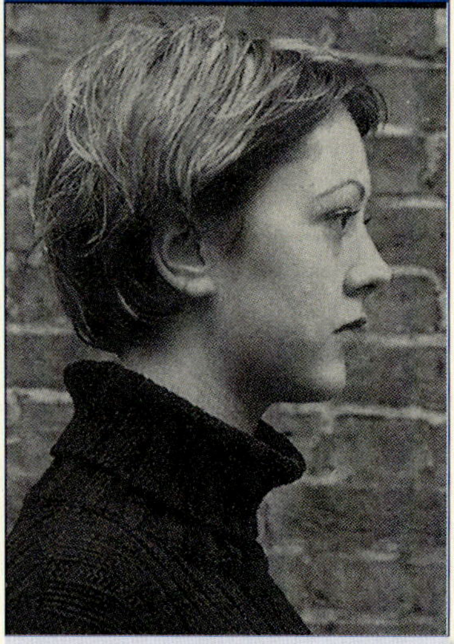

'The woman at the clinic said I could start paying now and have surgery done on my eighteenth birthday.'

Under cover: Farrah Esmail

'I asked if my age, 17, would be a problem. They said no, and I could have a discount if I had two ops done.'

ploitation. Children today face a sense of competition in looking as good as possible. Even the boys – you can't just be a great footballer, you have to look like Beckham, too.' […]

The Observer sent two women to five London cosmetic surgery clinics, posing as 16- and 17-year-olds. Both self-assured, slim and attractive, neither could have been mistaken for girls suffering a physical deformity or lack of confidence. The five clinics offered free consultations. Potential risks were not discussed, although credit arrangements were. They also offered discounts for two procedures done at once […].

The stories did not surprise Labour MP Ann Clywd, a long-time campaigner for clinic regulation. 'Young girls are particularly vulnerable to sales techniques, and an age limit should be set.'

(The Observer *(3–7 Herbal Hill, London, EC1R 3ER)*, 16th January, 2000, Copyright Guardian News & Media Ltd 2000)

8 Write a letter to the editor in which you comment on the article (kreativer Schreibauftrag).

4. Das Hörverstehen trainieren – Conversation in a British School Canteen

13 2

You are going to hear a conversation in a British school canteen during lunch break.

First, read task 9.
Then listen to track no. 1 on the CD once and do the task while you are listening.

9 True, false or not in the text? Tick the corrects answers.

	true	false	not in the text
a) The three pupils are talking about a test.			
b) Helen plays golf.			
c) Steven is good at Maths.			
d) Joyce must work hard for school.			
e) The pupils are talking about the upcoming GCSE tests.			
f) The pupils agree on revising for the GCSEs together.			
g) Helen hasn't got any brothers and sisters.			

Now, read tasks 10 and 11.
Then listen to track no. 1 on the CD again. Do the tasks while and/or after listening.

10 What do you find out about the three pupils? Tick the correct boxes.

Joyce:

a) ❑ believes her parents are not interested in her progress in learning
b) ❑ thinks you have to be a little Einstein to pass the GCSE tests
c) ❑ thinks the teachers have the wrong attitude towards the GCSE tests
d) ❑ would like to revise for the GCSE tests with the other two pupils
e) ❑ hates going out at the weekend
f) ❑ is a little bit unhappy that she has not got any real plans for the upcoming weekend

g) ❑ watches TV a lot
h) ❑ has never been to London

Steven:

a) ❑ is a Maths genius
b) ❑ has given up revising for Maths
c) ❑ likes his parents' attitude towards his progress in learning
d) ❑ does not care about the upcoming GCSE tests
e) ❑ defends his teachers' attitude towards the GCSE tests
f) ❑ would like to revise for the GCSE tests with the others
g) ❑ is going to visit London zoo with his dad
h) ❑ has a father who lives in London

Helen:

a) ❑ has studied a lot for the Maths test
b) ❑ although well-prepared, found the Maths test difficult
c) ❑ plays tennis
d) ❑ agrees with Joyce about their teachers' attitude towards the GCSE tests
e) ❑ is going to visit the Tate Gallery at the upcoming weekend
f) ❑ has never been to the Tate Gallery
g) ❑ is going to be visited by her nieces at the upcoming weekend
h) ❑ dislikes her nieces

11 How do the pupils feel in the conversation? Choose suitable adjectives from the box below and give the concrete context.

a) Joyce is ______________________. (context: ____________________
____)

b) Helen is ______________________. (context: ____________________
____)

c) Steven is ______________________. (context: ____________________
____)

bored	angry	envious	thoughtful	enthusiastic
sad	proud	relaxed	worried	misunderstood

Now listen to track 1 again. Check your answers while you are listening.

School and Work Experience Abroad

1. Das Leseverstehen trainieren

4

Here are some advertisements from the *National Council for Work Experience*.

Read through them carefully and then do the tasks.

THE NATIONAL COUNCIL FOR WORK EXPERIENCE
work-experience.org

Camp America is the leading placement provider for **US summer camp** placements. If you're looking for an alternative work experience in an international environment, you're very welcome!

If you're interested in working with young people, passing on skills in areas such as sport, art, drama or IT, then we want to hear from you!

Experience adventure.
Immerse yourself in everything camp life has to offer.

1

NCYPE is a unique charity, dedicated to providing specialist services for young people with epilepsy and related learning disabilities. Our inspiring 200-acre campus in Surrey (near London) provides the perfect environment for individuals to live, learn and develop to their full potential. Our facilities include a School, Further Education College and a Medical and National Assessment Centre.

What can we offer you?
We can offer work experience in our Residential Care Department as support workers, where you will contribute to students' educational social development and personal care. We provide a challenging and rewarding environment with extensive on-the-job training.

2

3

Working in a Holiday Park – This is your chance to do something completely different.

As part of our friendly team, you will help to ensure our guests have the best possible holiday – whilst gaining the invaluable experience of working abroad and having a chance to immerse yourself in the local language and culture.

We have a variety of positions at our holiday parks, including: Bar Team • Lifeguards • Entertainers • Children's Club entertainers • Reception Team.

Locations: Spain, France, Italy

(From: www.work-experience.org, 20.08.07)

1 Copy this grid into your exercise book and complete it. Refer to the information from the texts, but use your own words whenever possible.

No.	work placement/ location	duties	experience to be gained
1			
2			
3			

2. Den Wortschatz vertiefen und erweitern – Talking about Going Abroad

4

2 Copy the mind map into your exercise book. Complete it with twelve different phrases.

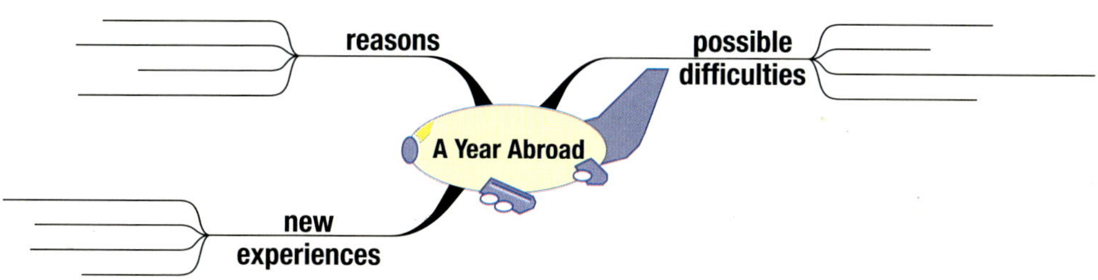

3 Complete the letter with suitable words.

Dear ________________,

I am a German ________________ and would like to ________________ a year abroad after form 10 because I am of ________________ that staying in a foreign country is very ________________. Australia ________________ always ________________ one of my favourite countries. I am especially ________________ the life and culture of the Aborigines and would ________________ to learn more about them. Moreover, I hope to ________________ my English by ________________ my Australian classmates and my host family. As I can easily ________________ to new situations and as I love ________________ new experiences, living with a host family should not be a problem for me.

I ________________ hearing from you soon.

Yours ________________

Peter Neugierig

3. Mit Texten arbeiten – ein Bewerbungsschreiben und einen informellen Brief verfassen

20; 17 — 5 f.

Intrax STUDY ABROAD

Programs in Ireland

Students who choose an academic year or a semester program in Ireland will live with a host family and attend a local high school.

Learn

[…] Students will study language, science, mathematics, history and geography plus have the opportunity to pursue additional classes in social awareness, personal development and project work.

Extracurricular activities and sports are an integral part of the school system in Ireland. One afternoon a week is typically devoted to school sports. The sports offered will vary from school to school. Typical choices include: soccer, tennis, swimming, hockey, badminton, basketball, athletics (track and field), squash, and volleyball. […]

Experience

You will be welcomed with open arms in Ireland and treated as a true member of your host family. Participation in mealtimes is an event, and as part of the family, you will enjoy the meal and also help out when it is time for clean-up. To meet new people, students are encouraged to participate in other types of extracurricular activities including: dance, theatre, music, debate, photography, and orienteering (navigating with a map and compass).

Ireland has a rich musical tradition, which is thousands of years old. So be sure to catch a local band playing. […]

Dublin

Program Details

A home country orientation will be provided to help students plan for their study abroad trip to Ireland. Intrax Study Abroad students are placed with carefully selected host families throughout Ireland. All students will have their own room and study area. A local representative will be assigned to each student for support and guidance during their program stay. Students do not need a visa to study in Ireland. However, once on program, they are required to apply for a residence permit for the duration of their stay. Students will be assisted in this process by a local program representative.

Requirements

- 15–18 years old
- Flexible and mature personality; desire to be challenged; ability to remain open-minded and tolerant of cultural differences

(From: www.intraxstudyabroad.com/ireland, 22.10.07)

4 Write a letter to Intrax in which you apply for an academic year program in Ireland. (kreativer Schreibauftrag)

5 Imagine you have been accepted for the program. Write an informal letter to your host family. Introduce yourself and point out why you are looking forward to staying in Ireland. (kreativer Schreibauftrag)

4. Hörverstehen trainieren – Being an Exchange Student in Australia

13 | 6

You are going to listen to an interview on a local radio station in New South Wales, Australia.

Part one:
First, read tasks 6–11.
Then listen to track no. 2 on the CD and do tasks 6–11.

6 What is the name of the radio station?

__________ __________ Caringbah

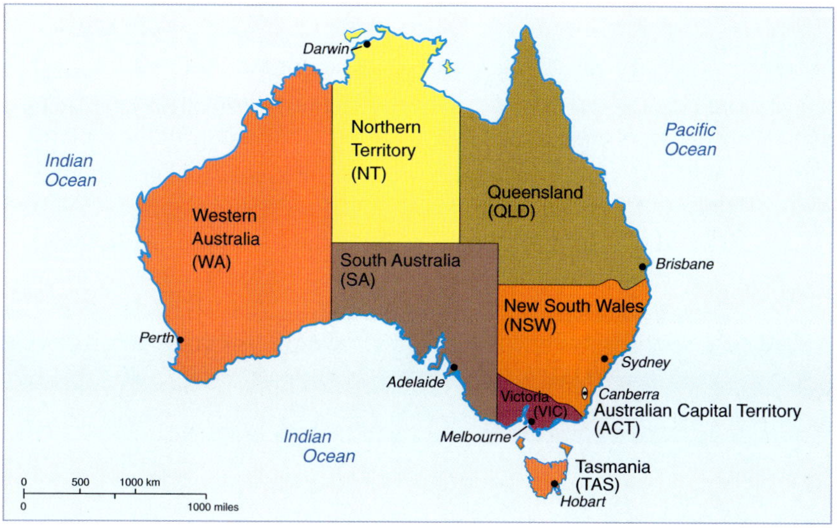

7 What are the names of the two people talking?

a) ❑ Marc and Michael
b) ❑ Brocher and Liz
c) ❑ Marc and Michelle

8 Marc is an exchange student from ________________, ________________

and he has lived in Australia since ____________________.

9 Marc is

a) ❑ going to graduate from James Cook High School in December.
b) ❑ going to graduate from James Cook High School in July.
c) ❑ going to graduate with his class in January.
d) ❑ not going to graduate from James Cook High School at all.

10 In contrast to Europe Australia is in the ____________________ hemisphere.

11 What does Marc like about Caringbah? (You can tick more than one answer.)

a) ❑ He can go to Sydney by train.
b) ❑ There are lots of cinemas.
c) ❑ Lots of people have their own pools.
d) ❑ He is well integrated in school.

Part two:
Now read through tasks 12–17.
Then listen to the second part of the interview (track 3) and answer the questions.

12 John

a) ❑ has won an international swimming contest together with the James Cook High School swimming team.
b) ❑ picked up swimming in Australia when he joined his high school's swimming team.
c) ❑ has been training 2 hours every day of the week since he was five.
d) ❑ is the most successful swimmer of his high school's swimming team in 25 years.

13 What is the dream Marc wants to realize in Australia?

____

14 Has the dream come true for Marc? ❑ Yes ❑ No

15 What happened to the person who was interviewed a month ago?

a) ❑ The boy was attacked by a shark in Surfers' Paradise.
b) ❑ She was lethally wounded by a shark while she was surfing.
c) ❑ She lost part of her leg while she was surfing.

16 Where was the person from who was attacked and where did it happen?

From? ______________________________

Where? ______________________________

17 Marc thinks

a) ❑ surfing is no more dangerous than a lot of other sports.
b) ❑ a shark attack will not happen to him; his parents just worry too much.
c) ❑ surfing is indeed a very dangerous sport and so he does not recommend it to anybody.
d) ❑ surfing is not dangerous because shark attacks never happen.

Now listen to the whole interview again. Check your answers while you are listening.

Living with a Robot?

1. Das Leseverstehen trainieren

9

The text below is about a robot called "wakamaru".

Read the text and answer the questions.

Life with a Robot
w a k a m a r u

Overview

"wakamaru" has his daily rhythm of life, speaks to people and lives with the family. "wakamaru" is useful for your life at home.

Living with the family
"wakamaru" lives in accordance with his own daily schedules as well as those of his owners, and he can update these schedules based on contact with his owner.

Speaking with the family
Not only does "wakamaru" respond to actions from people like other conventional robots, but he also takes the initiative in speaking to the family based on the information he obtains from contact with the family.

His own role in the family
"wakamaru" connects himself to the network to provide necessary information for daily life. He looks after the house while the family is absent, watches out for unusual conditions, and is convenient for the life of family members.

"wakamaru" is completely different from conventional industrial robots or pet robots, as he can provide various service functions and communicate with people spontaneously.

Examples of what he can do

Memorizes your daily schedule and manages it for you
"wakamaru" memorizes his owner's daily rhythm of waking up, eating, sleeping, etc. and acts according to it. By letting "wakamaru" know your schedule in advance, he will wake you up and remind you of your appointments.

Watches the house while the family is absent

You can operate "wakamaru" remotely to view the internal image of your house while you are away using a mobile phone or personal computer connected to the Internet.

"wakamaru" can send e-mails to the address specified beforehand if he detects a moving object around him while you are away.

(Adapted from: http://www.mhi.co.jp/kobe/wakamaru/english, 22.10.2007)

1 True, false or not in the text? Correct the wrong sentences.

	true	false	not in the text
a) "wakamaru" only answers questions.			
b) The robot is able to send e-mails.			
c) "wakamaru" has his own daily schedule which is independent of his owner's.			
d) People who own such a robot are very satisfied with it.			
e) You can operate "wakamaru" using your mobile phone.			

2 List four different functions of "wakamaru".

____

____

____

____

3 Why is "wakamaru" different from conventional robots?

____

4 Which of the following adjectives describes "wakamaru" best?

patient, clever, mobile, interesting, intelligent, reasonable, expensive, yellow, happy

5 Which of the following verbs cannot be used to describe a robot like "wakamaru"?

to move, to organize, to relax, to communicate, to process, to adapt, to detect, to inform

2. Den Wortschatz vertiefen und erweitern – Talking about Robots

9

6 In the following text, the word-processing program suddenly started jumbling letters. However, being a highly intelligent human being, you should still be able to decipher the text. Tip: The first and last letters are not jumbled.

Would you like to live with a robot? Amditeltdy[1], it may be eterxelmy[2] cnveieonnt[3] to have "someone" in the house who helps you with all the tsrmoiee[4] everyday jobs such as spopihng[5], caenilng[6], wetranig[7] the flowers, lokiong[8] after your children … But wouldn't it also be kind of strange? Is this "someone" mivnog[9] around in your house really just a mhiance[10] or is it a cmopnioan[11] with a lfie[12] of its own? Perhaps it (or he?) will suddenly start iternrfineg[13] with your life instead of just mgnanaig[14] it aorcdincg[15] to a special shmece[16]. He might for example suddenly sense tonesin[17] in your rltiehonsiap[18] and sgsuget[19] seeing a counsellor. Or he will – after being informed by your doctor – isnrue[20] that you live a hahltey[21] life: He'll decide on buying ongaric[22] food, although you'd rather go on eating uhehnlaty[23] junk food. When you ask him to bring you the cgatirtees[24], he might just say with a twinkle in his eye: "I don't understand this camomnd[25], or – even worse – doetrsy[26] what is left of them. Not to montien[27] alcohol! After some months with your robot, you might find yourself ejoinnyg[28] virgin ccoliktas[29] and milk shakes.
But don't get me wrong. Robots are a great ivenontin[30]. All I'm syanig[31] is that they might go too far one day.

1) ____________________ 13) ____________________

2) ____________________ 14) ____________________

3) ____________________ 15) ____________________

4) ____________________ 16) ____________________

5) ____________________ 17) ____________________

6) ____________________ 18) ____________________

7) ____________________ 19) ____________________

8) ____________________ 20) ____________________

9) ____________________ 21) ____________________

10) ____________________ 22) ____________________

11) ____________________ 23) ____________________

12) ____________________ 24) ____________________

25) ______________________
26) ______________________
27) ______________________
28) ______________________
29) ______________________
30) ______________________
31) ______________________

3. Mit Texten arbeiten – eine Kurzgeschichte analysieren (*Setting*, Erzählperspektive, literarische Figuren)

33; 34; 37 9 f.

Read the following short story.

Isaac Asimov, A Boy's Best Friend

Mr Anderson said, 'Where's Jimmy, dear?'

'Out on the crater,' said Mrs Anderson. 'He'll be all right. Robutt is with him. – Did he arrive?'

'Yes. He's at the rocket station, going through the tests. Actually, I can hardly wait to see him myself. I haven't really seen one since I left Earth 15 years ago. You can't count films.'

'Jimmy has never seen one,' said Mrs Anderson.

'Because he's Moonborn and can't visit Earth. That's why I'm bringing one here. I think it's the first one ever on the Moon.'

'It cost enough,' said Mrs Anderson, with a small sigh.

'Maintaining Robutt isn't cheap, either,' said Mr Anderson.

Jimmy was out on the crater, as his mother had said. By Earth standards, he was spindly, but rather tall for a 10-year-old. His arms and legs were long and agile. He looked thicker and stubbier with his spacesuit on, but he could handle the lunar gravity as no Earthborn human being could. His father couldn't begin to keep up with him when Jimmy stretched his legs and went into the kangaroo hop.

The outer side of the crater sloped southward and the Earth, which was low in the southern sky (where it always was, as seen from Lunar City), was nearly full, so that the entire crater-slope was brightly lit.

The slope was a gentle one and even the weight of the spacesuit couldn't keep Jimmy from racing up it in a floating hop that made the gravity seem nonexistent.

'Come on, Robutt,' he shouted.

Robutt, who could hear him by radio, squeaked and bounded after.

Jimmy, expert though he was, couldn't outrace Robutt, who didn't need a spacesuit, and had four legs and tendons of steel. Robutt sailed over Jimmy's head, somersaulting and landing almost under his feet.

'Don't show off, Robutt,' said Jimmy, 'and stay in sight.'

Robutt squeaked again, the special squeak that meant 'Yes.'

'I don't trust you, you faker,' shouted Jimmy, and up he went in one last bound that carried him over the curved upper edge of the crater wall and down onto the inner slope.

The Earth sank below the top of the crater wall and at once it was pitch-dark around him. A warm, friendly darkness that wiped out the difference between ground and sky expect for the glitter of stars.

Actually, Jimmy wasn't supposed to exercise along the dark side of the crater wall. The grownups said it was dangerous, but that was because they were never there. The ground was smooth and crunchy and Jimmy knew the exact location of every one of the few rocks.

Besides, how could it be dangerous racing through the dark when Robutt was right there with him, bouncing around and squeaking and glowing? Even without the glow, Robutt could tell where he was, and where Jimmy was, by radar. Jimmy couldn't go wrong while Robutt was around, tripping him when he was too near a rock, or jumping on him to show how much he loved him, or circling around and squeaking low and scared when Jimmy hid behind a rock, when all the time Robutt knew well enough where he was. Once Jimmy had lain still and pretended he was hurt and Robutt had sounded the radio alarm and people from Lunar City got there in a hurry. Jimmy's father had let him hear about that little trick and Jimmy never tried it again.

Just as he was remembering that, he heard his father's voice on his private wavelength. 'Jimmy, come back. I have something to tell you.'

Jimmy was out of his spacesuit now and washed up. You always had to wash up after coming in from outside. Even Robutt had to be sprayed, but he loved it. He stood there on all fours, his little foot-long body quivering and glowing just a tiny bit, and his small head, with no mouth, with two large glassed-in eyes, and with a hump where the brain was. He squeaked until Mr Anderson said, 'Quiet, Robutt.'

Mr Anderson was smiling. 'We have something for you, Jimmy. It's at the rocket station now, but we'll have it tomorrow after all the tests are over. I thought I'd tell you now.'

'From Earth, Dad?'

'A *dog* from Earth. Son. A real dog. A Scotch terrier puppy. The first dog on the Moon. You won't need Robutt any more. We can't keep them both, you know, and some other boy or girl will have Robutt. He seemed to be waiting for Jimmy to say something, then he said, 'You know what a *dog* is, Jimmy. It's the real thing. Robutt's only a mechanical imitation, a robot-mutt. That's how he got his name.'

Jimmy frowned. 'Robutt isn't an imitation, Dad. He's my dog.'

'Not a real one, Jimmy. Robutt's just steel and wiring and a simple positronic brain. It's not alive.'

'He does everything I want him to do, Dad. He understands me. Sure, he's alive.'

'No, son. Robutt is just a machine. It's just programmed to act the way it does. A dog *is* alive. You won't want Robutt after you have the dog.'

'The dog will need a spacesuit, won't he?'

'Yes, of course. But it will be worth the money and he'll get used to it. And he won't need one in the City. You'll see the difference once he gets here.'

Jimmy looked at Robutt, who was squeaking again, a very low, slow squeak, that seemed frightened. Jimmy held out his arms and Robutt was in them in one bound. Jimmy said, 'What will the difference be between Robutt and the dog?'

'It's hard to explain,' said Mr Anderson, 'but it will be easy to see. The dog will *really* love you. Robutt is just adjusted to act as though it loves you.'

'But, Dad, we don't know what's inside the dog, or what his feelings are. Maybe it's just acting, too.'

Mr Anderson frowned. 'Jimmy, you'll *know* the difference when you experience the love of a living thing.'

Jimmy held Robutt tightly. He was frowning, too, and the desperate look on his face meant that he wouldn't change his mind. He said. 'But what's the difference how they act? How about how *I* feel? I love Robutt and *that's* what counts.'

And the little robot-mutt, which had never been held so tightly in all its existence, squeaked high and rapid squeaks – happy squeaks.

(Isaac Asimov: "A Boy's Best Friend", in: *The Complete Robot*, © Nightfall Inc., Granada Publishing, 1982, pp. 76 ff.)

7 List all information on the setting. Don't forget to mention the pages and lines.

a) place: ______________________________

____

b) additional information on the place:

____

c) time: ______________________________

8 Now fill in the gaps in this description of the setting (Analyse).

The ____________________ "A Boy's Best Friend" _______ Isaac Asimov is set ____ (where/when?). Right at the beginning of the story, it becomes clear that the action is taking place in space when the father talks about a _______________________ (l. ________) and mentions that he _____________________________________ (ll. 5 f.). The setting is specified _______ line ________ when he calls his son Jimmy _________________. We also get to know where exactly they live, namely in ____________________ (_______). This means that obviously the __________ is populated like the earth. The settlement probably started when people like Jimmy's father "emigrated" from the earth to the ______________ (cf. ______). The word _________________ in line 8 suggests that, at the time when the story is set, there are not only first-generation immigrants (cf. ____________), but already second-generation immigrants, such as Jimmy, who "can't visit Earth" (_______). From the perspective of the people living on the _________________, the _________________ is what the moon is to us; it is sometimes _______________________ (_______) and it sinks (cf. _________). Here it already becomes clear that the story is basically about adopting a different, unusual perspective on supposedly straightforward issues. So, all in all, we can _________________ that this short story is a science-fiction story raising questions about the future.

9 Read the following passages from the story again:

- ll. 12–23
- ll. 37–53
- ll. 92 f.

Now read the two excerpts from two different analyses of the narrative perspective on page 61. Decide which of them is correct (Analyse).

a) The story is told by a third-person narrator. Nevertheless, the narrative perspective changes throughout the story. Sometimes an omniscient narrator describes the setting and the characters. He even comments on and interprets various aspects: This becomes clear in lines 12–23, for example, [...] In lines 92f. he even [...]
Other parts of the story, however, are told from a limited point of view. Here the narrator focuses on Jimmy, the protagonist, and describes and evaluates experiences from his point of view. This becomes clear in line 38 [...]

b) The story is told by an omniscient narrator. The fact that he knows details about the past of the characters (cf. l. 47 – l. 50) and comments on their outward appearance (cf. ll. 12f.) shows that he is omniscient. He provides the readers with his comments and evaluations, as in line 15, when he says that Jimmy [...]. In line 92f., it becomes obvious that he has complete insight into the characters' emotions [...]

10 Read the short story again. Underline relevant information about Jimmy. Copy this mind map into your exercise book and complete it.

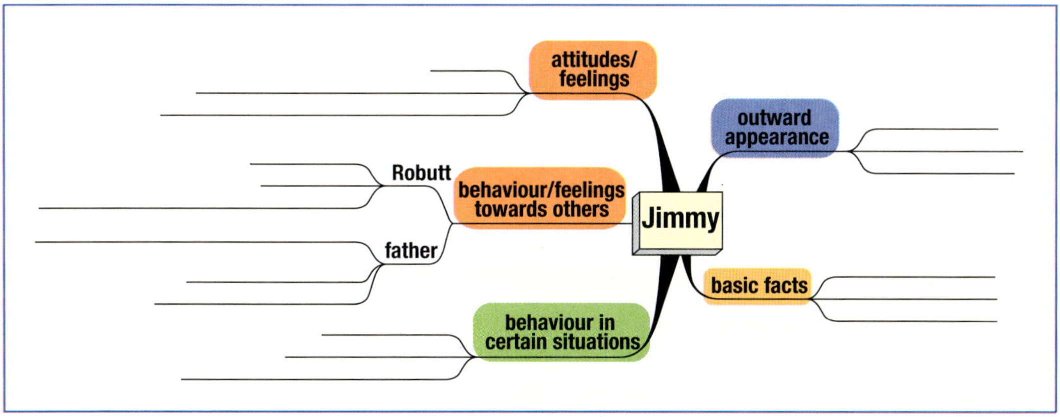

11 Write a characterization of Jimmy (Analyse).

4. Das Hörverstehen trainieren – Checking Voice Mail Messages

13 f. 10 f.

Peter is on his way back home after a long day at school. He is checking his voice mail. Some people have left messages for him.

First, read tasks 12–15.
Then listen to track no. 4 on the CD once and do tasks 12–15.

12 Who are the callers? Fill in the numbers and complete the sentences.

George: caller no. ____ Peter's father: caller no. ____

Susan Morgan: caller no. ____ Samuel: caller no. ____

George is Peter's ______________________

Samuel is ____________________

Susan Morgan is ______________________

13 Which of the five messages is not on Peter's mobile and why is this so?

____

____

14 Why did Peter probably make that phone call?

____

____

15 Was the phone call successful? Did it help him? Why/Why not?

____

____

Now read through tasks 16–18.
Then listen to the track again and answer the questions.

16 What do the callers want Peter to do? Fill in the numbers of the callers from task 12.

no. ____ call back　　no. ____ help him
no. ____ go out　　no. ____ eat alone

17 Find two adjectives for the following callers; how do they feel, what is their mood?

George: ____________________ ____________________

Susan: ____________________ ____________________

18 True, false, or not in the text? Correct the false sentences.

	true	**false**	**not in the text**
a) Peter's friends want to go out and eat some pasta.			
b) His dad has to work late.			
c) His dad is worried about him.			
d) The dentist works from 8–12 every morning except weekends.			
e) Peter did not fill in his application form for *Youth Abroad* correctly.			
f) Susan Morgan is worried Peter is going to miss the deadline.			
g) George is in trouble because his granddad is turning 90 and George has to work.			

Now listen to the texts a third time. Check your answers while you are listening.

English as the World Language

1. Das Leseverstehen trainieren

12

Hu, 21 years old, from China and **Pat**, 22 years old, from Australia, both students in an International Business Course, are having a conversation about English as the lingua franca of the world. They have never met and they probably never will, but they happened to be in the same chat room when a discussion about this topic started.

First read the whole text once.
Then read the questions.

Hu: Think of it, we wouldn't be talking if English didn't have such a dominant role on the Net. I take it, you don't speak Mandarin ;).

Pat: I don't. As a matter of fact, I haven't bothered to learn any foreign language properly. Every time I wanted to practise the little German I had learned in school on some German tourists here in Sydney, they started answering in nearly fluent English (never mind the accent). At first I didn't dare to go on with the little German I had but my teacher encouraged me to do so anyway. So I did – but those Germans just flatly ignored it or said, "Vee aah hear 2 prektis aua Inglisch".

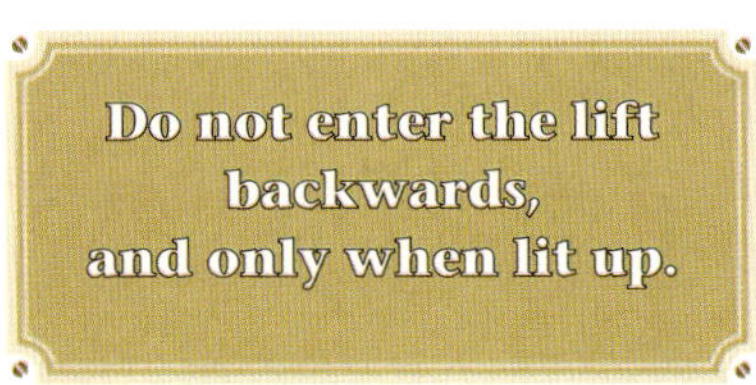

In a Leipzig elevator

Hu: Haha, good story. But that's exactly my point. English already is the lingua franca, and for a number of good reasons: The British turned half the world into their colonies, implementing English as an official language and it still is in most of those countries. The next powerful 'colonial power' (Coke and Hollywood were just as effective as the British troops) also happened to have English as its native tongue. So naturally everybody who wants to do business must understand and speak English.

Pat: But surely political power should not be the issue here. I mean languages are closely connected with cultures and traditions. If the languages die out, the cultures will soon follow. I don't want everyone to eventually become an American. What a thought!

Hu: I absolutely agree with you. But what can be done? As far as I know, about 94 % of all the communication on the Net is in English, think of it, 94 %! Obviously, people have already adopted English as the language of global communication. It is all around us – in advertisements, songs, movies (ours are dubbed though, if we get to see them at all), travelling, etc. Additionally, you might not be aware of it, but it is a fairly easy language to learn. In contrast, look at us, there are 1.3 billion Chinese people; we have the fastest growing economy and everybody wants to do business with us. Nevertheless, we wouldn't even dream about Mandarin eventually becoming the world language, it is too damn complicated.

Please do not feed the animals.

If you have any suitable food, give it to the guard on duty.

In a Budapest zoo

Pat: But as I pointed out before, languages are closely connected to our cultural identities; languages give us access to a different culture that we can gain in no other way. One should not only consider the economic effects, wouldn't you agree? Imagine, every second week one language vanishes because its last speaker has died. Supposedly, there are about 45 languages with only one speaker still alive, 20 of them here in Australia.

1 Tick the correct answer.

a) Hu and Pat are able to communicate because
   1. ❑ Pat speaks Mandarin.
   2. ❑ of the Internet.
   3. ❑ Hu knows English and uses the Internet.

b) They are discussing
   1. ❑ the dominant role of English.
   2. ❑ the dominant role of English on the Internet.
   3. ❑ why they both don't like to learn foreign languages.

c) Hu suggests that
   1. ❑ China will be the next colonial power.
   2. ❑ America is like a colonial power.
   3. ❑ English is spoken in all British colonies.

d) 1. ❑ 94 % of all the advertisements and songs on the Net are in English.
   2. ❑ 94 % of all people have already adopted English as the lingua franca.
   3. ❑ 94 % of all the exchanges on the Internet are in English.

2. Den Wortschatz vertiefen und erweitern – Talking about Foreign Languages

12

2 Supply the synonyms (–) or antonyms (↔) from the text.

a) world language – ______________________

b) second language ↔ ______________________

c) broken English ↔ ______________________

d) to start to use – ______________________

e) to become extinct – ______________________

f) to disappear – ______________________

3 Match the phrases.

a) to be closely	**1.** consequences
b) a globalised	**2.** animals
c) to discuss	**3.** connected
d) extinct	**4.** a problem
e) economic	**5.** world
f) to be spoken	**6.** a movie
g) to dub	**7.** barrier
h) language	**8.** worldwide

a ____ e ____

b ____ f ____

c ____ g ____

d ____ h ____

3. Mit Texten arbeiten – einen argumentativen Text verfassen

24 12

The following argumentative text is about the question of whether one should learn another language apart from English at school.

First read the text and try to get the gist, despite the missing words.

In class we have been discussing the question of ____________[1] one should learn another language apart from English. Personally, I am of the ____________[2] that it is a waste of time to learn more foreign languages than English.

It might be argued that ______________[3] Spanish also makes a lot of sense because it is spoken by so many people as well. However, how probable is it that, in a business ______________[4] of a multinational company, there will only be speakers of Spanish? If there is even just one person who does not know ______________,[5] the discussion would be in English, ______________[6] of what the native tongue of that speaker may be. Even if you join a Spanish, French or German company, if it is a global player or only doing some business abroad, the language used in meetings, on the phone and in letters will be English. This is also the case at all scientific congresses and in most ______________[7] publications.

There can be no doubt that English is the language which is most commonly used on the Internet, in international trade, air ______________[8] controlling, science and in the entertainment business. Everybody knows this is the ______________[9]; and these are just a few examples. The dominance of English is therefore unchallenged.

It is for ______________[10], that I ask myself why bother learning another language? Striving for perfection in the language ______________[11] used by the vast majority of people seems to make much more sense to me. This is why I think you should put all your energy into learning this language and no other.

constantly	traffic	learning	regardless	case	Spanish
meeting	scientific	whether	these reasons		opinion

4 Fill in the gaps with the words from the word pool above.

5 The text above is certainly rather one-sided. Discuss the question considered in it: "Does it still make sense to learn other foreign languages besides English?" In addition, however, think of more arguments, also ones that support the learning of more languages, since they are not mentioned at all. (Kommentar/argumentativer Text)

India – the Struggle for Independence

1. Das Leseverstehen trainieren

13

The paragraphs of the text are in the wrong order. Read through them carefully and with a highlighter, underline **dates** and **connectives** at the beginning of the paragraphs. This will help you with the exercises below.

a) Apart from this longstanding history, India can be regarded as the birthplace of numerous religions: Hinduism about 1500 BC, Buddhism about 500 BC, and Sikhism 15th century AD. All these religions have left their mark on Indian culture in art, learning and building. You can see this, for example, from the numerous impressive buildings – mainly temples – all over the country.

b) Finally, the last to rule India before its independence and partition in 1947 were the British, who regarded India as the crown jewel of all their colonies. They started taking an interest in India from the early 17th century on, with the establishment of the East India Company in 1600.

c) The struggle for independence, which started in the 19th century, is closely connected with the name of Mahatma Gandhi, who succeeded in fighting the British rule, called the Raj, solely by non-violent means, namely strikes, civil disobedience and non-cooperation.

d) Another religion that did not have its birthplace in India has nevertheless also left its imprint: Islam. In 1206, India was invaded by a Muslim called Mohammed Ghori; 400 years later, descendants of the famous Genghis Khan also ruled India for some centuries.

e) Today's India can look back upon a history of about 4,000 years of civilization. The core of the civilization can be found in the Indus Valley. The Indus is, or was, one of the main rivers in India. Today it belongs to Pakistan, which was part of India until 1947. The culture of the Indus Valley people had its peak around 2800 BC. About a thousand years later, nomadic tribes, known as the Ayrians, had conquered the cities along the Indus and eventually spread across to the east of India along the plains of the river Ganges. It was the Ayrians who created the caste system, which has left its imprint on today's Indian society.

f) Despite this, India has nevertheless remained a country of different cultures. Even though a Muslim state was created, millions of Muslims still live in India, feeling just as Indian as their Hindu brothers and sisters do. India has always been a multicultural society – a fact that has been both a source for crises and conflicts as well as the source for its vast cultural richness, which is without equal worldwide. Yet another impressive form of evidence for this is the fact that, besides Hindi, there are 14 other official languages spoken in modern India today.

g) The 14th June, 1947 was a day of great joy but also of sorrow: On the one hand, it marked the end of the British rule over India; on the other hand, it also marked the final partition of India into a Hindu part: India, and a Muslim part: Pakistan.

1 Find a title for each paragraph.

Number the paragraphs to indicate the correct order.

a) ______________________________ __________

b) ______________________________ __________

c) ______________________________ __________

d) ______________________________ __________

e) ______________________________ __________

f) ______________________________ __________

g) ______________________________ __________

2 Decide whether the following statements are true or false.

Statement	true	false
a) Pakistan was founded in 1947.		
b) India is the birthplace of Hinduism, Buddhism and Islam.		
c) Today, 15 official languages are spoken in India.		
d) Mahatma Gandhi fought for independence with a mighty army.		
e) India was regarded as Britain's most valuable colony.		
f) In India, one can visit numerous temples from many different religions.		

2. Den Wortschatz vertiefen und erweitern – Talking about India

13

3 Fill in the chart.

Noun	Verb	Adjective
founder, founding		
independence	– – –	
	to establish	
Religion	**Person**	**Adjective**
		Hindu
Islam		
	Christian	

4 Circle the odd one out.

a) Hindu Sikh Buddhist Muslim

b) British Ayrans Pakistani Indus Valley people

c) Mahatma Gandhi civil disobedience war of independence strike

d) Raj East India Company convicts colony

3. Mit Texten arbeiten – eine Rede analysieren

27 13 f.

This is an extract from the speech given at midnight by Jawaharlal Nehru, the 1st Prime Minister of India, on August 14th, 1947 – the day India finally gained its independence.

Read the text carefully.

[…] At the stroke of the midnight hour, when the world sleeps, India will awake to life and freedom. A moment comes, which comes but rarely in history, when we step out from the old to the new, when an age ends, and when the soul of a nation, long suppressed, finds utterance. […]

It is a fateful moment for us in India, for all Asia and for the world. A new star rises, the star of freedom in the East, a new hope comes into being, a vision long cherished[1] materializes. May the star never set and let hope never be betrayed!

We rejoice[2] in that freedom, even though clouds surround us, and many of our people are sorrow-stricken[3] and difficult problems encompass us. But freedom brings responsibilities and burdens[4] and we have to face them in the spirit of a free and disciplined people.

On this day our first thoughts go to the architect of this freedom, the Father of our Nation [Gandhi], who held aloft the torch of freedom and lighted up the darkness that surrounded us. We have often been unworthy followers of his and have strayed from his message, but not only we, but succeeding[5] generations

1 here: hoped for
2 to show great happiness
3 having lots of worries
4 sth. that worries you
5 following

will remember this message and bear the imprint in their hearts of this great son of India, magnificent in his faith and strength and courage and humility[6]. We shall never allow that torch of freedom to be blown out, however high the wind or stormy the tempest.

(Jawaharlal Nehru: Speech on the Granting of Indian Independence, August 14, 1947, reprinted in: Brain McArthur: *The Penguin Book of Twentieth Century Speeches,* London: Penguin Viking 1992, pp. 234 – 237)

---

[6] *Bescheidenheit*

5 Why are the Indian people so happy on this day? (Inhaltsangabe)

6 Copy the grid into your exercise book. Then fill in the table below using the appropriate elements provided in the second table. (Analyse)

Example from the text	**Stylistic device**	**Effect**
"India will awake to life" ll. 1–2 "son of India" l. 17		India is seen as a being/ an entity that has awakened, and is now ready to start some-thing new. This implies that India is a mother which stresses the idea of the state as something that cares about its people and helps them.
	parallelism and anaphora	
"A new star rises" l. 5 "torch of freedom" l. 19		
	metaphor	
		This stresses just how valuable and how important this person was for gaining independence. He is seen as the origin of it.
	use of first person plural	

Example from the text	Stylistic device	Effect
– "Father of our Nation" ll. 12 f. – "when we step [...] when an age ends, and when the soul [...] finds utterance." ll. 2–4 – "clouds surround us" l. 9 – "We rejoice" l. 9; "many of our people" l. 9; "we have to face" l. 11; "We shall" ll. 18 f.	– metaphor – personification – metaphor	– Involves the audience: they are supposed to feel a part of this. India, with all her different people and individuals, should stand together as one; the intention is to create a group identity. – The young nation faces many problems. The speaker shows that he does not want to ignore that, but he also does not want to point out specific problems in order not to offend anyone. – The importance of the moment is stressed by the repetition of the word. – The light imagery is used to suggest new hope, enlightenment and a better future for everyone.

7 With the help of the chart above, explain the meaning and the intention of the personification and of the metaphor "clouds surround us" (l. 8.). If you can, refer to background knowledge that you have on the subject. (Analyse)

System of Government – Great Britain

1. Das Leseverstehen trainieren

15

Read the following text.
Then answer the questions.

Hi, my name is Sue. Our history teacher gave us a funny assignment today. We are supposed to write 'A short history of Great Britain – invasions and invaders' so that a 10-year-old child can understand it. I am going to test this on my little brother, Conrad. He is already 11 years old, but I think that is close enough. So here we go:

A short history of Great Britain – invasions and invaders

Britain has a long history of invasions, with each group of invaders leaving its imprint on the culture and the language of the country. In prehistoric times, Celtic tribes settled the British islands. In the first century AD, the Romans invaded and established the province Britannia. They built lots of roads and Hadrian's Wall.

In the early 5th century, the Romans began leaving and the Anglo-Saxons started invading. Finally, they stayed and settled. Later, the Anglo-Saxons were attacked by foreign fleets, too. From the 9th century on, the Vikings started raiding Britain and eventually, stayed for good as well. Finally, the Normans conquered Britain under their famous King, William the Conqueror. That was in 1066. Britain has never been invaded since.

It was not until centuries later that the British themselves took a liking to invading and subduing foreign countries, which would eventually make them the most powerful colonial power. It all started under the reign of Queen Elisabeth I in the 16th century when new, until then unknown, territories were discovered. The British Empire, which only ceased to exist after the 2nd World War, stretched over all 6 continents: Europe, Asia, Australia, Africa, America and Antarctica.

From the map showing the Commonwealth of Nations, you can see which countries used to belong to the British Empire. In most of these former colonies, English is still an official language and some countries, like Australia, still have the British Queen as their Head of State. Today, the Commonwealth is an association of 54 sovereign nations. From the map, you can see that large countries like India, Kenya and Canada used to be ruled by Great Britain. It is hard to imagine nowadays that such a small country could have been so powerful: it ruled over roughly a quarter of the world's population; in other words, over roughly 35 % of the world's total land area.

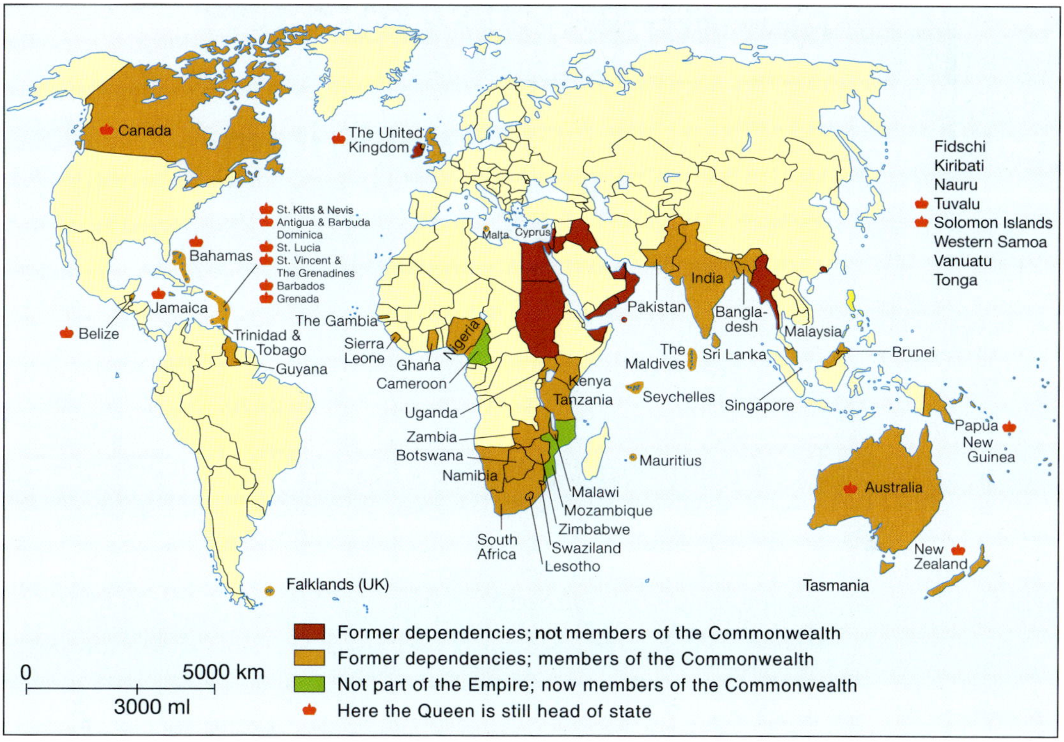

1 Tick the correct answer.

a) Britain was invaded by
   1. ❑ only the Romans and the Normans.
   2. ❑ the Romans, the Anglo-Saxons, the Vikings and the Normans.
   3. ❑ the Anglo-Saxons, the Vikings and the Normans.

b) Britain has
   1. ❑ never been invaded.
   2. ❑ never been invaded since 1066.
   3. ❑ never been invaded by the Romans.

c) The British people
   1. ❑ invaded many other countries all across the globe.
   2. ❑ never invaded any other countries.
   3. ❑ invaded many countries after the Second World War.

d) Great Britain was a mighty world power
   1. ❑ because of its many colonies.
   2. ❑ because Great Britain won World War II.
   3. ❑ because English was spoken in so many countries.

e) The Commonwealth is
   1. ❑ an association of states ruled by Great Britain.
   2. ❑ an association of states who still have the Queen as Head of State.
   3. ❑ an association of independent states.

2. Den Wortschatz vertiefen und erweitern – Talking about Great Britain

15

2 Copy the mind map into your exercise book. Add the words from the list to the appropriate branches of the mind map.

House of Commons monarch mutual respect House of Lords Parliament colonisation colonist the Romans the Anglo-Saxons decolonisation	to invade to rule to suppress to appoint sb. to raid to be elected by sb. to delay a law to dismiss sb.	to vote for sb. to discover to exploit to pass a law to attack to conquer to oppress	MP (Member of Parliament) sovereign states independence the Vikings Prime Minister Peer government electorate equality cabinet the Normans

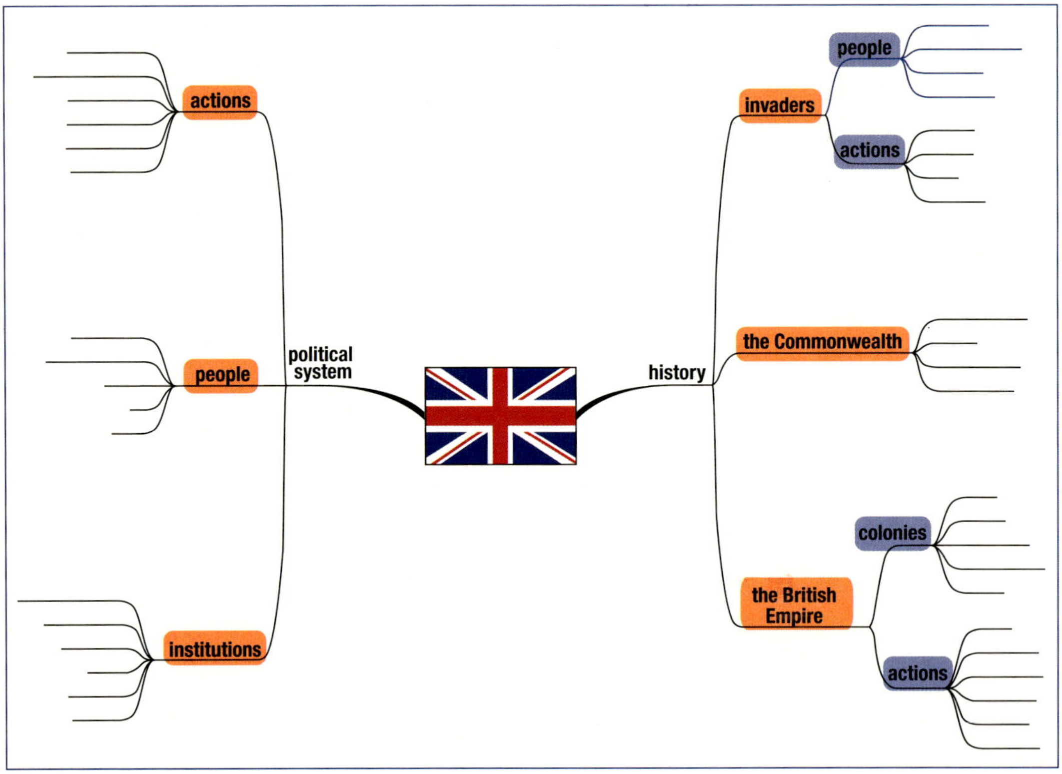

3. Mit Texten arbeiten – einen Text visualisieren

12 15

The following text is an informative text on Britain's system of government.

Read the text carefully. Underline keywords.

Britain is a constitutional monarchy: the King or the Queen are officially the Head of State. However, in reality, the Prime Minister (PM) is the most powerful person in the country for he or she is the head of the government. The PM appoints and dismisses the members of his or her cabinet. While the PM is to a certain degree responsible for the political actions of the government as a whole, the various ministers are responsible for certain departments (e.g. Secretary of State for Education and Skills). Officially, the Prime Minister is appointed by the monarch but this is merely a symbolic act, for the King or Queen do not have any real political power; as a matter of fact they have to be politically impartial, in other words, not supporting any particular party.

In fact, it is the people who decide who will be Prime Minister because the PM is almost always the leader of the party which has the majority in the House of Commons.

Each member of the House of Commons, 646 altogether, is elected by the people from the different regions of the United Kingdom. Those regions are divided into smaller administrative units called constituencies. Each constituency regularly makes a list with all the adults (people over 18) living in the constituency. This list is known as the electoral register, and only if you are on this list, are you allowed to vote.

In Britain, we find the so-called 'first-past-the-post' election system. This means that each constituency only has one representative in the House of Commons, even if s/he only won by 1%. This means that the number of the Members of Parliament (MPs) of one party in the House of Commons does not necessarily have to be proportional to the number or percentage of votes they received. Take, for example, a relatively small party like the Liberals: in the general election in 2005, they gained 22.1 % of all the votes in the whole country, but they only hold 9.6% of all the seats because they rarely reached the majority in a constituency. This system, unlike the German proportional representation system, clearly favours the larger parties, namely Labour and the Conservatives.

The Government, PM and his or her cabinet, must explain and justify their policies in front of the House of Commons, that means, explain them to members of their own party and to members of the opposition. A quite interesting and unusual institution is the House of Lords. Its members (724) are called Peers. The Peers are not elected by the people but instead are appointed by the

King or Queen after the Prime Minister has recommended them. The political power of the House of Lords is limited: they can delay a law if they think it should be changed or re-examined, but they cannot ultimately stop it if the House of Commons wants to pass it.

3 Fill in the gaps in the chart with the information the text provides (Inhaltsangabe).

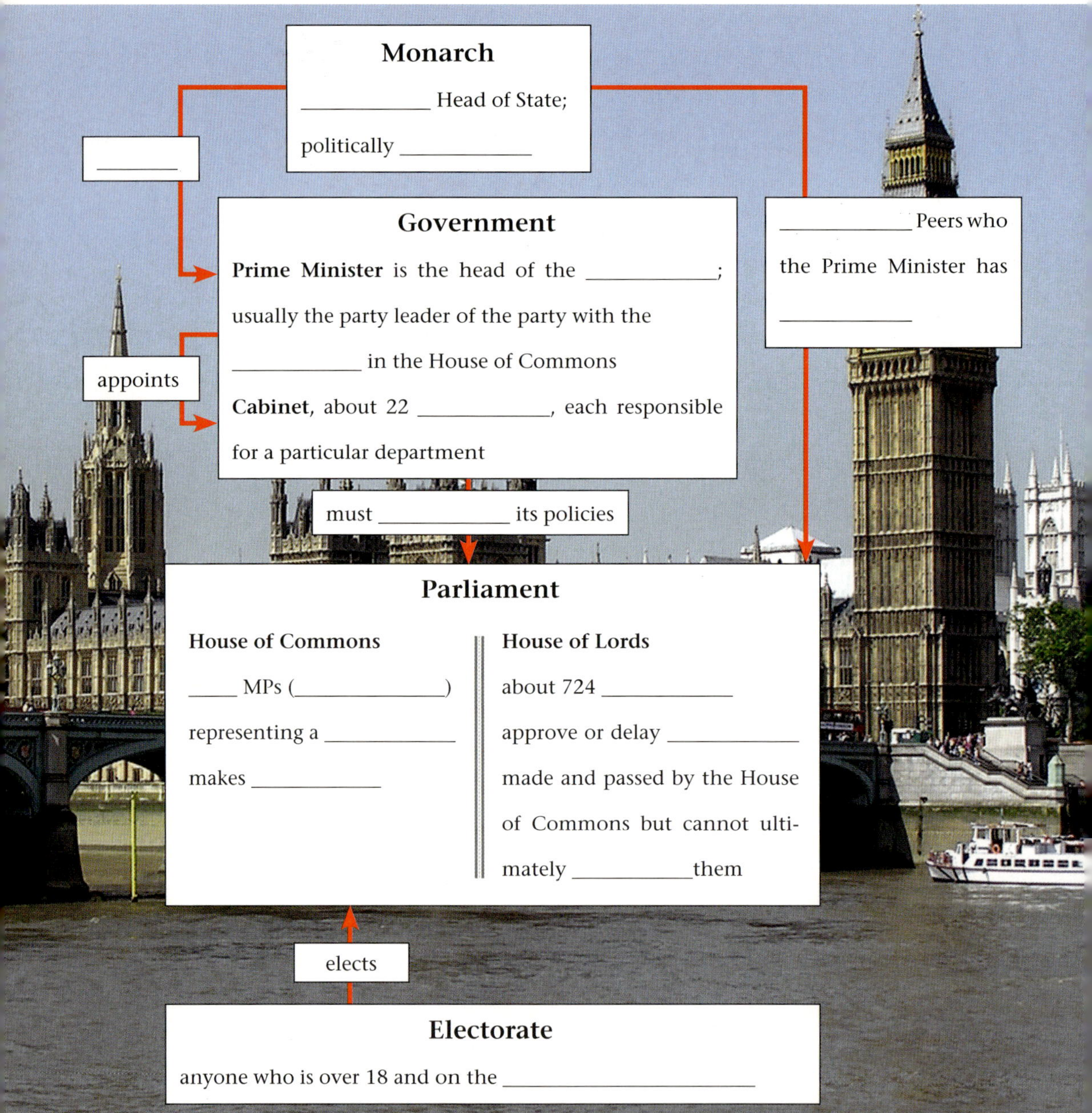

System of Government – USA

1. Das Leseverstehen trainieren

16

The following text is an informative text on the USA.

Read the whole text once.
Then do the tasks.

USA – Development of a nation

The United States of America, which is 27.5 times bigger than Germany, hasn't always been as large as we know it today. It all started with a relatively small territory on the East Coast and later new territories which used to be French, Spanish, Mexican and even Russian were gained over the centuries.
The British were the first to colonize Northern America by founding Jamestown in 1607. The famous Pilgrim Fathers arrived in Plymouth, Massachusetts in 1620.
By the end of the 18th century, the settlers, who were still British, longed to gain independence from the English crown because they felt their rights as citizens were not being respected. As the English King was not willing to compromise, the well-known Declaration of Independence was first drafted and signed (1776), and then the War of Independence was fought and won. In 1789, representatives of thirteen former British colonies signed the Constitution, establishing the USA as a democracy with a strong emphasis on the freedom and rights of the individual citizen. The Constitution guarantees a balance of power among the state's institutions and between the federal government and the individual states.
To ensure the protection of the rights of each citizen, especially as the times are continually changing, Amendments have been added to the Constitution, such as three Amendments passed after the Civil War (1861–1865) abolishing slavery.
The USA has always been a nation of immigrants, attracting people from all over the world who were/are seeking freedom from suppression and poverty. While at the begin-

ning of American history everybody was welcomed as settlers and new citizens, in more recent times, immigration has become more and more restricted in order to control how many people are entering and from where. Nowadays, illegal immigration from Latin America via the Mexican border is one of the main challenges facing the USA and its political system.

1 Decide whether the following statements are true or false.

Statement	true	false
a) In the beginning, the USA was made up of only a few small formerly English and Spanish colonies on the East Coast.		
b) The Pilgrim Fathers were the first English settlers in North America.		
c) The Declaration of Independence was written before the Constitution.		
d) Everybody who wants to can immigrate to the USA.		
e) Illegal immigration from Latin America has become a problem.		

2 Complete the sentences.

a) The Constitution deals with the relation ________________________________

____

b) The potentially changing rights of the citizens are protected by __________

____

3 Fill in the gaps.

a) Three amendments ______________________ slavery.

b) Many people suffered from __________________ and __________________ and decided to leave their home countries hoping to find a better life in the USA.

c) People who enter the USA ______________________ are a serious problem for the USA today.

2. Den Wortschatz vertiefen und erweitern – Talking about the USA

16

4 Fill in the missing words in this grid.

Noun	Verb	Adjective
	to settle	
explorer		
		representative
colony		
	to govern	
		balanced
	to constitute	
restriction		

5 Match the phrases.

a) to declare	**1.** the president
b) to sign	**2.** a law
c) to grant	**3.** someone's power
d) to pass	**4.** one's independence
e) to check and balance	**5.** a document
f) to impeach	**6.** by the people
g) to be elected	**7.** freedom of speech

a ____ b ____ c ____ d ____ e ____ f ____ g ____

3. Mit Texten arbeiten – eine Visualisierung beschreiben

12 16 f.

The following visualizations describe important aspects of the System of Government in the USA.

Study the visualizations.
Work on tasks 6 and 7.

In order to ensure that nobody ever gains too much power, the founding fathers divided the power within the country into three branches.

a) The political institutions (three branches of power)

Legislative Branch

Congress
makes the laws

is made up of

House of Representatives
435 representatives; elected by the people

Senate
100 senators, two for each state; elected by the people

Executive Branch

President
enforces the laws

is assisted by

Vice President; elected for four years by the people like the President and the **Cabinet;** appointed by the President

Judicial Branch

Supreme Court
interprets the laws

consists of

Chief Justice and eight other **Associated Justices;** appointed by the President for life

The **American people** (over 18) need to register in order to vote.

This was still not enough for the Founding Fathers. Therefore, they created a system so that the three different branches controlled each other:

b) The system of checks and balances

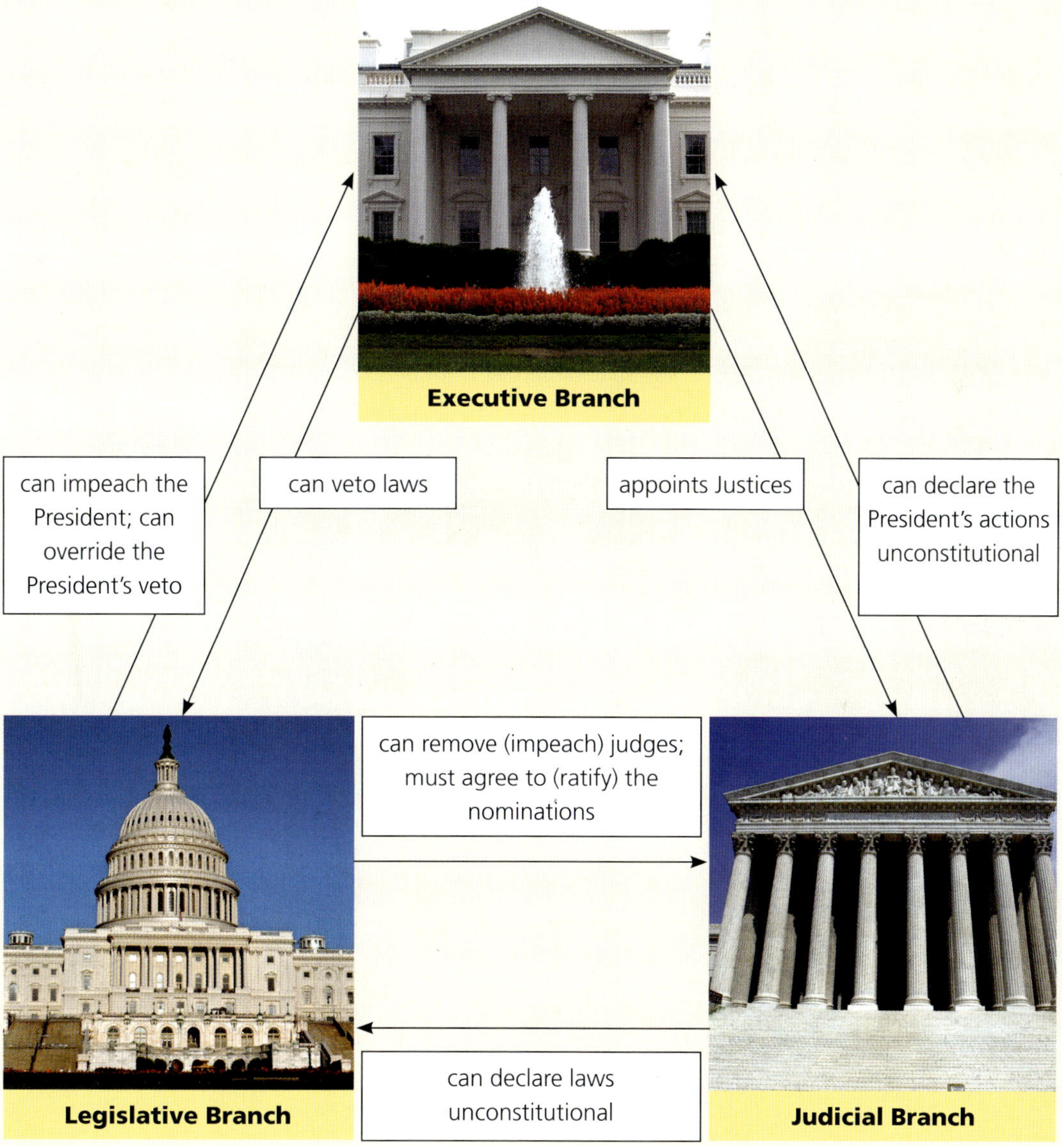

6 Describe the different political institutions of the USA. (Inhaltsangabe)

7 Explain the system of checks and balances between the different institutions and its purpose. (Analyse)

4. Das Hörverstehen trainieren – A Guided Bus Tour of Washington

13 17 f.

You are going to hear a guide on a bus tour of Washington.

Part one:
First, read the notes below (task 8).
Then listen to track no. 5 on the CD once and fill in the gaps while you are listening.

The Supreme Court

National Library

Jefferson Memorial

Lincoln Memorial

Roosevelt Memorial

The Capitol

8 Fill in the gaps.

a) Washington DC in general: ____________ of the US; many h__________ s__________

b) The Capitol: where House of ________________ and the ____________ meet. There are ______ tours (Don't ____________!)

c) The Supreme Court Building: building of Supreme Court since ______ motto: Equal ________ under ________

d) __________ of Congress: largest in ____________ collections; include a draft of the ____________ of Independence

Part two:
First, read the following notes below (task 9).
Then listen to track no. 6 on the CD once and fill in the gaps while you are listening.

9 Fill in the gaps.

a) The Air ________ and Museum: center for history, ________________ and technology of aviation and s________ f________

b) Thomas Jefferson Memorial: Thomas Jefferson: ________________ of the Declaration of Independence; writings on interior walls describe his beliefs in _________ and _________

c) Frank D. Roosevelt Memorial (______________ Memorial): ___________ of the memorials (1_____)

d) Lincoln Memorial: reminds you of a Greek ____________ ; ___________________ gave his famous speech here ("I ____________________")

Do task 10.

10 Match the following sentence halves:

a) Washington DC	**1.** was an American President.
b) The Capitol	**2.** has 36 columns.
c) The Supreme Court	**3.** checks laws.
d) Thomas Jefferson	**4.** gave a famous speech in front of the Abraham Lincoln Memorial.
e) Thomas Jefferson	**5.** is the capital of the US.
f) Frank D. Roosevelt	**6.** is roughly comparable to the "Reichstagsgebäude" in Berlin.
g) The Abraham Lincoln Monument	**7.** was the third president of the United States.
h) Martin Luther King	**8.** believed in the education of all people.

a ____ b ____ c ____ d ____ e ____ f ____ g ____ h ____

Now listen to tracks 5 and 6 again. Check your answers while you are listening.

From Slavery to Civil Rights – the Struggle for Recognition and Equality

1. Das Leseverstehen trainieren

18

First read the whole text once.
Then answer the questions.

Captain Sir John Hawkins started the English involvement in the slave trade: his first journey took place in 1562, and he became infamous as the 'inventor' of the so-called Triangular Trade.

From 1562 to 1870, about 10 million Africans were shipped to South, Middle, and North America, as well as to the West Indies. The African slaves were captured and sold by African traders and chiefs, who traded them for goods from Europe. The Europeans then transported the slaves under the most dreadful conditions – under deck for about two months with hardly any space to move – to the Americas. Having sold the slaves, they refilled the ships with valuable and highly desired goods from the New World and shipped them to Europe. Thus, the ships never sailed empty. This system was so profitable that by the

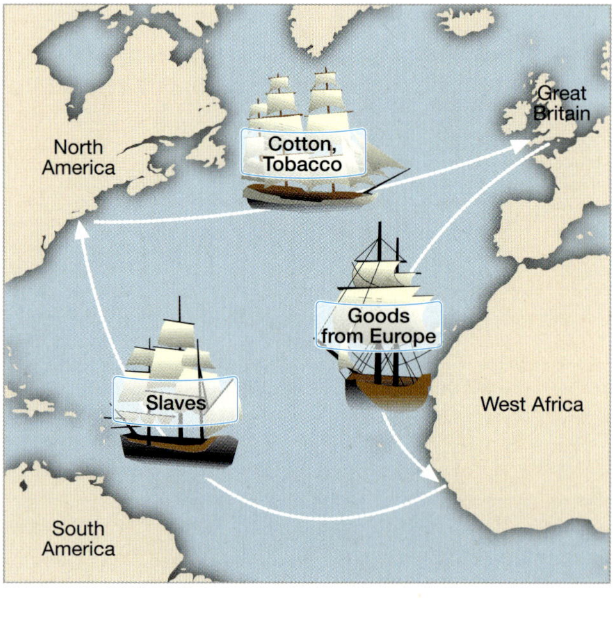

The Triangular Trade system

A segregated drinking fountain

end of the 16th century, England had developed into the biggest slave-trading nation, and other nations such as the Netherlands and Spain started to adopt this model.

In North America, the slaves were mainly put to work on the huge plantations in the South where cotton and tobacco were grown. Nevertheless, the slaves were not only put to work on the fields, they were also employed wherever there was work to be done; therefore, they also worked as servants, craftsmen, farmhands, builders, etc.

The American Civil War (1861–1865), fought between the Union (the North) and the Confederation (the South), officially put an end to slavery. However, especially in the South, real emancipation was hindered by numerous discriminatory laws which eventually established a segregation between black and white citizens. The aim was to keep African Americans in poverty and ignorance to prevent them from gaining economic and political power.

Nevertheless, more and more African Americans did still manage to gain an education, and more and more Black leaders emerged, voicing and organizing protest against the discrimination of their people, for example, Ida B. Wells, Booker T. Washington, and W.E.B. DuBois at the turn of the 20th century.

Black pupils have to be protected by federal troops as they enter a formerly all-white high school in Arkansas in 1957.

Nevertheless, it was not until the 1950s that real change was to occur. The 1950s and 1960s marked the time of the Civil Rights Movement, which finally brought about substantial change, abolishing all legal forms of segregation and discrimination. Closely connected to this movement is, of course, the name of Martin Luther King, its charismatic leader. Unlike his most prominent black opponent, Malcolm X, a member of the Black Muslims, King advocated non-violent civil disobedience. Having studied Mahatma Ghandi's struggle for India's independence and in accordance with his Christian faith, he was convinced that this was the only possible way to success. Even though he himself, like many of his followers, became a victim of violence (he was assassinated in 1968), he was eventually proven right and the struggle was finally won by non-violent means such as boycotts, sit-ins and protest marches.

Even though this era has fundamentally changed American society and things have improved considerably for African Americans, discrimination on the basis of race is still a controversial issue in the America of the 21st century.

1 Complete the sentences with the information from the text.

a) The Triangular Trade was invented ______________________________

b) African traders ______________________________

c) Slaves had to work in a variety ______________________________

d) Union troops ____________________ the Confederation Army in ______________________________

e) Education ______________________________ for the African Americans to voice ______________________________

2 Decide whether the following statements are true (✔) or false (✘).

a) ☐ After the Civil War, slavery was officially abolished in the USA.

b) ☐ Not until the 1950s were there any prominent black leaders.

c) ☐ The Civil Rights Movement of the 1940s brought about real changes.

d) ☐ Malcolm X did not believe in non-violent protest as a means to success.

e) ☐ Martin Luther King's fight was successful and racial conflicts are now a thing of the past.

2. Den Wortschatz vertiefen und erweitern – Talking about Discrimination and Resistance

18

3 Fill in the correct preposition from the box if necessary. If you are not sure, check in the text above.

about	under	of	against	from

a) The slaves travelled under deck ____________ horrifying conditions.

b) Various European nations adopted ____________ Hawkins' concept.

c) The aim was to keep them ____________ gaining knowledge and power.

d) Martin Luther King organized large-scale protest marches ____________ the discrimination of African Americans in the 1960s.

e) Malcolm X was sure change could not be brought ____________ without the use ____________ violence.

4 With the help of the following words (keep the same order), describe the aims and the effects of the Civil Rights Movement (about 100 words):

1) 1950s;
2) African Americans;
3) discrimination against;
4) segregation;
5) black students;
6) escorted by federal troops;
7) prominent leader;
8) preached non-violence;
9) shot by a racist;
10) victory of his movement could not be stopped;
11) laws;
12) finally abolished

The March on Washington 1963

3. Mit Texten arbeiten – eine Gedichtanalyse schreiben

30 18 f.

This is a poem by the African-American writer Langston Hughes (1902 – 1967).

Read the poem.

Dreams

Hold fast to dreams
For if dreams die
Life is a broken-winged bird
That cannot fly.
Hold fast to dreams
For when dreams go
Life is a barren field
Frozen with snow.

(Langston Hughes: "Dreams", from *Collected Poems*, New York: Alfred A. Knopf 1994, Copyright © 1994 by the Estate of Langston Hughes. Used by permission of Harold Ober Associates Inc.)

5 Now read this interpretation of the poem and fill in the gaps with the words from the box below. There are more words than gaps (Analyse).

The poem "Dreams" was ____________________[1] by the African-American writer Langston Hughes. Its ____________________[2] is the importance of having dreams, namely visions, about one's life.

The poem can be ____________________[3] into two stanzas (lines 1 – 4; lines 5 – 8), even though this is not marked visually. Both stanzas have a ________________[4] structure and display similar metaphors.

Each stanza starts with a ______________________[5] to the reader "Hold fast to dreams" (l. 1, l. 5). Thus, the reader feels ____________________[6] because s/he is given advice. Both stanzas then go on to depict what will happen if one does not hold on to one's dreams. This is done by using ____________________[7].

In lines 2 and 3, the speaker talks about a fatally injured bird. Its wings are broken; therefore, it cannot fly anymore. This, however, is the essential quality and characteristic of a bird. A bird flying in the sky is a ____________________[8] of freedom. The metaphor ____________________[9] that not holding on to one's dreams means losing one's freedom and thus one's essential quality as a human, to be able to long for and maybe even fight for a better life.

The metaphor used in lines 6–7 is even more drastic: Once again, the metaphor is taken from nature. This time, a field is used as a comparison. Normally, we ____________________[10] fields with growth and life, but in this case, the adjectives used change the impression: "barren" (l. 7) and "frozen" (l. 8) evoke associations of death. The message of this stanza must therefore be, that if one does not "[h]old fast to dreams" (l. 5), one will die or at least lead a life as if dead and therefore a life not worth living.

All in all, the poem encourages the reader to have and to realize dreams. In the ____________________[11] of the Civil Rights Movement, this poem can be seen as an encouragement for African-Americans to keep on fighting until their demands are met and their aims are reached.

idea	composed	indirect address	direct address	conveys		
associate	simile	theme	involved	divided	metaphors	parallel
personification	symbolic	context	repeats	remember	symbol	

4. Das Hörverstehen trainieren – A Discussion on Civil Disobedience

13 19

James, Fiona and Veronica are having dinner together in a pub after work. James has just thrown the newspaper onto the table; he is obviously outraged about what he has just read.

Part one:
First, read tasks 6–8.
Then listen to track no. 7 on the CD and do tasks 6–8.

6 James read an article in the newspaper about

a) ❑ China and Tibet.
b) ❑ China and Germany.
c) ❑ America and Great Britain.
d) ❑ America and Germany.

7 Fiona thinks

a) ❑ the USA should start a war against China.
b) ❑ Tibet should start a war against China.
c) ❑ no one should start a war.

8 Veronica is of the opinion that civil disobedience

a) ❑ causes a lot of deaths and violence.
b) ❑ is the only way to end the vicious cycle of violence.
c) ❑ is part of the vicious cycle of violence.

Now, read tasks 9–11.
Then listen to track no. 7 again and do tasks 9–11.

9 When Fiona says "Oh yes, I am sure everybody would really appreciate that!" she is

a) ❑ ironic.
b) ❑ serious.
c) ❑ angry with James and Veronica.

10 Fiona says

a) ❑ everything is almost perfect in South Africa.
b) ❑ South Africa is just like any other nation in Africa.
c) ❑ South Africa has been in a civil war for decades.
d) ❑ South Africa avoided a civil war because of a peaceful change.

11 James thinks

a) ❑ the Dalai Lama has been preaching in China for decades.
b) ❑ civil disobedience is not going to change a thing in China.
c) ❑ civil disobedience might bring the Chinese government to its knees.
d) ❑ civil disobedience is the key to a free Tibet.

Part two:
First, read tasks 12 – 14.
Then listen to track no. 8 on the CD and do tasks 12 – 14.

12 Fiona is of the opinion that this debate is not really about civil disobedience

but about ______________________ ______________________.

13 Match the adjectives and the speakers.

a) Fiona	1) sarcastic	a _____
b) James	2) surprised	b _____
c) Veronica	3) annoyed	c _____

14 In this part of the conversation they are mainly talking about ____________.

Now, read task 15.
Then listen to track no. 8 again and do task 15.

15 True, false, or not in the text? Correct the false sentences.

	true	**false**	**not in the text**
a) James thinks sanctions are not used because people want to do business with China.			
b) Fiona thinks the UN is a barrier to global peace.			
c) James suggests the UN could work more effectively if it got more money.			
d) Veronica likes the idea behind the UN but she does not think that it works well.			
e) James thinks Veronica is not logical in her argumentation.			
f) Fiona thinks the UN is a good organization even though it does have its flaws.			
g) James and Veronica agree that it is hard to be patient.			

Now listen to both parts again and check your answers while you are listening.

The United Nations

1. Das Leseverstehen trainieren

21

This is an extract from the United Nations Cyberschoolbus. From this 'youth page', you can gain a good impression of what the real UN deals with.

Read the texts and then answer the question.

Landmines

Learn about the impact that landmines are having on people's lives all over the world and what you can do to help.

The Millennium Development Goals

Learn about the Millennium Development Goals and what you can do to help eliminate poverty around the world.

Plant for the Planet

Join the campaign to plant one billion trees! Enter your tree planting pledge to help reach this goal during 2007.

Against Poverty, for the MDGs

STAND UP AGAINST POVERTY

Read the winning essays from STAND UP Writing Contest and STAND UP Web Editor Contest.
Congratulation to all!

Access to Safe Water

Pumped Up for peace

Join Pumped up for Peace and help a community in the Amazon rainforest gain access to safe drinking water.

Forums now available.

Stop Disasters Learn how to respond to different disasters in this new simulation video game from UN/ISDR.

Food Force Play this popular video game on world hunger. Six different missions. For 8 – 13 year olds.

World Water Day

Celebrate World Water Day on 22 March.
Read Water Rights and Wrongs: a summary of the 2006 Human Development Report on water by young people from around the world.

Flag Tag Do you know lots of flags? Tag the right one! Test yourself …

Water Quiz
Discover fascinating facts about everyone's favorite liquid.

Photo Contest

For US Students Only
Enter UNHCR's 2007 World Refugee Day Photo Contest.
Theme: A new home, a new life.

Human Rights Day Writing Contest

Human Rights Day Writing Contest
Read the winning essays and honourable mentions from the 2006 Human Rights Day writing contest. Congratulations to all!

Frequently Asked Questions

Q: What is Model United Nations?
A: Model United Nations is an authentic simulation of the U.N. General Assembly and other multilateral bodies.

Q: How did Model U.N. begin?
A: Simulating international organizations began even before the birth of the United Nations, when students held a series of Model League of Nations in the 1920s.

Q: Who participates in Model United Nations?
A: The popularity of Model UN continues to grow, and today more than 200,000 high school and college/university students worldwide participate every year. Many of today's leaders in law, government, business and the arts participated in Model UN during their academic careers.

Q: What is a Model United Nations conference?
A: Some Model UN exercises take place in the classroom and others are school-wide. Still others are regional, national, or even international. These are called conferences, and the events are much larger, with participants from all over the world. More than 1,000,000 people have participated in MUN conferences around the world since the conferences became popular over 50 years ago. Today there are more than 400 conferences that take place in 35 countries.

(From: www.cyberschoolbus.un.org, 22.10.07)

1 Copy the mind map into your exercise book. Complete it with the information given, showing the different areas of work the UN is involved in and what programs and activities they offer.

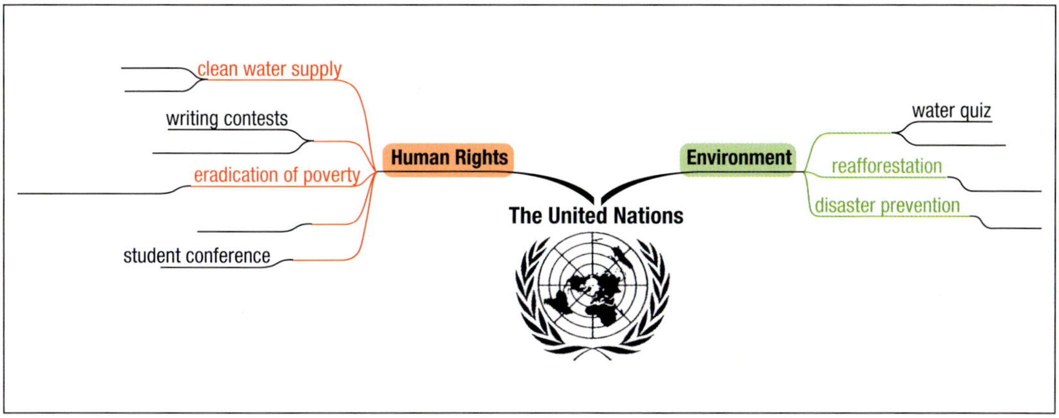

2. Den Wortschatz vertiefen und erweitern – Talking about international politics

22

2 Fill in the missing words in this grid.

Noun (person)	Verb or adjective	Noun (thing)
	to migrate	
		environment
the poor		
	to respond	
	to discover	
		simulation
	to participate	
---	to prevent	

3 Fill in the gaps.

a) The Model United Nations gives an idea of how the ____________ and ____________ of the UN function.

b) The concept of the Model UN is ____________ than the UN itself because it started with its predecessor, the League of Nations.

c) It is a simulation for ____________ who are interested in politics. Many famous and successful people ____________ in one of the simulations.

d) People from ____________ can take part in a model conference.

3. Mit Texten arbeiten – einen Text strukturiert zusammenfassen

15 22

This is an introduction to the United Nations for pupils.

Read the text and then work on tasks 4 and 5.

1. A League of Nations was founded immediately after the First World War. It originally consisted of 42 countries, 26 of which were non-European. As the Second World War unfolded, it became clear that this League had failed in its chief aim of keeping the peace.

→ Even as the Second World War still raged, the leaders of Britain, China, the US and the USSR, under intense pressure from the press and public, discussed the details of a post-war organization. In 1944 representatives of China, the UK, the US and the USSR, meeting at Dumbarton Oaks in Washington, DC, prepared a blueprint[1] for an international organization. Towards the end of the war, representatives of 50 countries gathered in San Francisco between April and June 1945 to hammer out the final text that would lay the foundations of international cooperation. This was the Char-
2. ter of the United Nations, signed on 26 June by 50 countries. Poland, the 51st country, was not able to send a representative to the San Francisco conference but is considered an original member.

Although the League of Nations was abandoned, most of its ideals and some of its structure were kept by the United Nations. The ideals of peace and social and economic progress remained the basic goals of the new world organization. However, these were developed to fit the new and more complex post-war world.

The League's Council was transformed into the Security Council, consisting of the five victors of the war[2] as permanent members and ten other countries serving two year terms. The five permanent members – China, France, the UK, the USSR, and the US were also given veto power, which means that decisions taken by the Security Council can be blocked by any of the five permanent members. This is significant, firstly, because the Security Council is the principle UN organ responsible for ensuring peace, and, secondly, because it is the only body whose decisions are binding on all member states. Since the creation of the UN, the balance of Big Powers has changed and over one hundred new member states,

---

1 concept, model

2 World War II

mainly non-Western, have joined. With these changes have come increasing demands to reform the Security Council, a demand that has not been responded to yet.

Many sorts of rights, from the right to self-determination, which encouraged the independence of colonized peoples, to general human rights, which aimed to protect individuals, are enshrined in the Charter, the Universal Declaration of Human Rights and two Covenants which have become major, standard-setting additions to international law.

(From: http://cyberschoolbus.un.org/unintro/unintro4.htm, 22.10.07)

4 Having read the text, you will have noticed that the first step, the marking of structural elements and of keywords, has already been done. On the basis of these markings and of your understanding of the text make a network of the text in preparation for your summary.

5 Write a summary of the text. Use your network to create a compact and logical structure (Inhaltsangabe).

Mögliche Prüfungsarbeit

Leseverstehen

23

The following articles are statements from runaway children (although some are adults now), who talk about their experiences on the street.

First read the texts once, and then do the tasks.

Julie I was 15 when I left home. There were many reasons that I am sure most kids go through, but when I had an experience with date rape and told my mother, who said it was my fault, "what did I expect?", I decided to bolt. I slept wherever I could find a place to flop[1]. I spent many a night behind a local grocery store and I would raid[2] the dumpster to get the day-old bread or the bruised fruit to eat. I would use local fast food places to wash up in (as best as you can anyway). I was lucky to have been arrested by the police and I finally ended up in a foster family. My point is, I know that life is hard at home at times but there has to be SOMEONE you can tell, a friend, or a friend's parent that you trust!

Larry I was 14 when I ran away from home. My mom and I argued constantly. One night it got so bad that she started hitting me. I couldn't take it any longer and ran away. I went through people's trash for food and slept anywhere I thought it was somewhat safe. This went on for weeks and I was weak and tired from walking. Finally, when I got to Columbus, Ohio, I found a job; they didn't ask for much info. I was able to pay for my food, for once, and I slept in an old gas station that had been abandoned[3]. But it didn't last. I am now currently sitting in a library typing this up. I celebrated my birthday on the streets and I'm 15 now. I have to go now but I want to tell you all out there reading this that running away is a big mistake. If you want to throw your life away, then run away but be aware that it is rough.

---

[1] lie down and sleep
[2] search through
[3] left empty, out of use

!

Bret My mother got cancer when I was 14, and my mother's doctor advised her that my stepfather should take over the "parenting role". That was when I knew I had to get out. I ended up in juvenile prisons[4] several times. There I learned life is not fair. When I accepted that, things started to get better in my life. I was put in a foster family; they did not care about me but offered a place to sleep and to eat, so I could return to school. Running away was the best thing that I ever did. If I hadn't done it, I wouldn't be the person I am today. My advice: Through everything that happens, stay in school. Education is what got me out of the mess that I was in.

(Adapted from: http://www2.lv.psu.edu/jkl1/runawaylives/StillOnTheRoad.html, 22.10.07)

---

4 prison for young people

1 Right or wrong?

	right	wrong
a) Julie would beg for food when she was on the run.		
b) Julie believes you can always find someone to talk to.		
c) Bret's father became responsible for him during his mother's illness.		
d) Bret is glad that he ran away from home.		
e) Larry was given a job even though he was too young to work.		
f) According to Larry, running away means ruining your life.		

2 Tick the correct answer. There is only one correct answer.

a) Bret's foster family
- ❑ 1. tried hard to help him.
- ❑ 2. supplied a bed and food.
- ❑ 3. kicked him out after a while.

b) Larry
- ❑ 1. walked and walked for weeks.
- ❑ 2. walked to Ohio in a week.
- ❑ 3. ran away from Columbus, Ohio.

c) Julie
- ❑ 1. wishes she had never been caught by the police.
- ❑ 2. suffered and learned a lot in prison.
- ❑ 3. is glad the police picked her up one day.

3 Read the following statements and match them with the people above (Julie, Bret and Larry). One statement does not fit to any one of them.

a) I ate what others would not eat anymore because it was for free; I didn't care if this meant looking through dumpsters. I slept wherever I could and anywhere I considered to be safe. I left because of my mother's behaviour. I am still on the run.
My name is ______________________________ .

b) After I had run from home, I learned why homeless people often do not smell so good. I ran away from home because I could not stand my mum's behaviour anymore: she did not support me at all. I should have tried to get help from somewhere or someone else. I was lucky that a foster family took me in.
My name is ______________________________ .

c) I ran away because I really hated my stepfather and my mum did not support me. I was put in prison and learned a lot about life there. My foster family cared as little about me as my real family. Nevertheless, running away was the most stupid thing I have ever done. I am still living on the streets but I do not want to celebrate my 16th birthday on the streets.
My name is ______________________________ .

d) Running away means that you must suffer a lot. People treat you unfairly – but that's life, whether you run away or whether you stay at home. You might be lucky and find someone who you can talk to and who can support and help you but most important is that you get a good education. It is better to rely on yourself than on other people. If you learn, you can become independent and make the decisions you want.
My name is ______________________________ .

Wortschatz

23

1 Children and teenagers who run away from home feel extremely desperate; they feel that nobody can help them. Write down five adjectives describing how they might feel.

______________________________ ______________________________

______________________________ ______________________________

____

!

2 Write down five adjectives that describe how someone might feel when s/he is happy.

____________________ ____________________

____________________ ____________________

____

3 When you write a text analysis you must use specific terms. Read the poem below and then fill in correct terms for the analysis of a poem.

a) The ________________ describes how Lulu's mother behaves after Lulu has run away.

b) The anaphora in the first two lines ________________ the central question of the poem.

c) The ________________ of the word "mother" emphasizes …

d) The high number of questions ________________ an atmosphere of …

Mit Texten arbeiten

23 f.

Read the poem. Then work on the three tasks.

What has happened to Lulu?

What has happened to Lulu, mother?
What has happened to Lu?
There's nothing in her bed but an old rag-doll
And by its side a shoe.

Why is her window wide, mother,
The curtain flapping free,
And only a circle on the dusty shelf
Where her money-box used to be?

Why do you turn your head, mother,
And why do the tear-drops fall?
And why do you crumple that note on the fire
And say it is nothing at all?

I woke to voices late last night,
I heard an engine roar.
Why do you tell me the things I heard
Were a dream and nothing more?

I heard somebody cry, mother,
In anger or in pain,
But now I ask you why, mother,
You say it was a gust of rain.

Why do you wander about as though
You don't know what to do?
What has happened to Lulu, mother?
What has happened to Lu?

(Charles Causley: "What has happened to Lulu?", from *Breaking Away*, ed. Marilyn Davies and Michael Marland, London: Longman 1974, p. 29)

!

1 What has happened (possible chain of events) and how does the mother react?

2 What does the speaker (let us say it is Lulu's sister) feel in this situation and how are these feelings conveyed?

3 a) Imagine Lulu, now living away from her family, feels like writing to her sister to explain everything. Write Lulu's letter. *Nothing you write should contradict the poem!*

OR

b) "Running away from home is no option for solving your problems." Comment on this statement giving reasons for your opinion.

!

Bildnachweis

S. 9, 24, 25, 34, 37, 45, 62: Reinhild Kassing, Kassel; S. 30 l.: © Reinhard-Tierfoto; S. 39: © vario images; S. 40: © argum/Falk Heller; S. 44: © Karen Robinson; S. 47: Copyright © 2007 HECSU; S. 50: Copyright © Intrax Study Abroad 2006; S. 54: Copyright © 2005 Mitsubishi Heavy Industries Ltd.; S. 68: © Lustre Press, Delhi: D. Paul; S. 69 l.: © Hitoshi Tamura; S. 78: © Adrian Pingstone 2005; S. 82, 83: © picture-alliance/dpa; S. 87 o.: Range Pictures/The Bettmann Archive; S. 87 u.: Burt Glinn/Magnum; S. 89: Corbis/Bettmann, London; S. 94, 95: © 2002 United Nations; weitere: Verlagsarchiv Schöningh

Sollte trotz aller Bemühungen um korrekte Urheberrechtsangaben ein Irrtum unterlaufen sein, bitten wir darum, sich mit dem Verlag in Verbindung zu setzen, damit wir eventuell notwendige Korrekturen vornehmen können.

CD-Verzeichnis

Track 1	**Conversation in a British School Canteen** (Speaker: Brian Haitz – Steven; Maeve Kelly – Helen; Arabella Nugent – Joyce)	45 f.; 2 f.
Track 2	**Being an Exchange Student in Australia – Part One** (Speaker: Ingo Rau – Marc; Charmaine Douglas – Radio Reporter)	52 f.; 6 ff.
Track 3	**Being an Exchange Student in Australia – Part Two** (Speaker: Ingo Rau – Marc; Charmaine Douglas – Radio Reporter)	
Track 4	**Checking Voice Mail Messages** (Speaker: Jack Millet – Message No. 1; Jack Millet – Message No. 2; Alexandra Rieb – Message No. 3; Dustin Gould – Message No. 4; Alexandra Rieb – Message No. 5)	62 f.; 10 f.
Track 5	**A Guided Bus Tour of Washington – Part One** (Speaker: Jack Millet)	84 f.; 17 f.
Track 6	**A Guided Bus Tour of Washington – Part Two** (Speaker: Jack Millet)	
Track 7	**A Discussion on Civil Disobedience – Part One** (Speaker: Brian Haitz – James; Alexandra Rieb – Veronica; Arabella Nugent – Fiona)	92 f.; 19 ff.
Track 8	**A Discussion on Civil Disobedience – Part Two** (Speaker: Brian Haitz – James; Alexandra Rieb – Veronica; Arabella Nugent – Fiona)	

Production: AMPS factory Tonstudio, Freiburg